UNBEQUEM UND EXTREM ERFOLGREICH

WÜSTENVÄTER

Aus dem Niederländischen übersetzt
von Claudia Peters

MATTIAS ROUW

Tongval
Bewährt & Aufgeklärt
www.Tongval.com

EINFÜHRUNG

Wenn die Radsportler der Tour de France losfahren, sieht man plötzlich haufenweise Amateurradrennfahrer fanatisch den Hügel hinaufstrampeln. Bei einer Fußballweltmeisterschaft, bei der „unsere Jungs“ Richtung Finale gehen, sieht man Menschen auf kleinen Bolzplätzen auf einmal gewagte Panenka-Elfmeter ausprobieren. Und wenn streitbare Politiker während Wahlkampfdebatten wieder vielfach im Fernsehen zu sehen sind, verändert sich so manch einer spontan in „jemanden mit einer klaren Sicht auf das Land“.

Inspirierende Menschen bringen auf die eine oder andere Art und Weise immer andere in Bewegung, egal ob das nun Politiker, Radrennfahrer oder Fußballer sind. Ein schönes Phänomen. Das gilt für heute, aber auch schon für frühere Zeiten. So geschah vor 1500 Jahren etwas Besonderes. Um das Jahr 300 nach Christus herum zogen ein paar junge Leute in die ägyptische Wüste. Sie waren auf der Suche nach spiritueller Entwicklung, Weisheit und Inspiration. Ihr Leben und ihre Worte inspirierten Zeitgenossen auf ungeahnte Weise. Bald schon bildeten sich um diese Menschen herum Gruppen von Schülern. Eineinhalb Jahrhunderte später war Ägypten mit hunderten Klöstern übersät, mit manchmal hunderten von Mönchen pro Kloster. Manche dieser Klöster sind sogar heute noch bewohnt.

Wüstenväter und -mütter

Dieses Buch lässt dich Bekanntschaft machen mit dieser besonderen Bewegung der Wüstenmönche im ersten Jahrtausend nach Christus, die im Westen nur noch wenigen vertraut ist. Es präsentiert eine einzigartige Auswahl inspirierender Männer und Frauen. So begegnest du hier Wüstenhelden wie Antonios dem Großen, Pambo, Moses dem Äthiopier, Johannes Klimakos, Synkletika von Alexandria, Poimen und Maria von Ägypten. Und es werden auch die Biografien der Menschen vorgestellt, die von diesen Wüstenhelden inspiriert wurden, wie Diadochos von Photike und Gregor von Nyssa.

Jahrhundertelang haben die Wüstenväter und -mütter ihre Weisheit gelebt und weitergegeben. In diesem Buch bekommst du jahrzehntelange Lebens- und Denkarbeit auf einfache Weise präsentiert. Du brauchst also nicht in die Wüste zu gehen, um von ihren Erfahrungen zu profitieren. Ihr Leben zeugt von tiefen, durchlebten und durchlittenen Lektionen, geschliffen und geformt durch das harte Wüstenleben. Lass dich von ihren inspirierenden Geschichten überraschen!

Inspiration für heute

Dieses Buch gibt nicht nur einen Einblick in die Lebenswelt der Wüstenväter und -mütter. Es beleuchtet zudem ihre je ganz eigene Spiritualität. Als Quelle nehmen wir dazu eine sehr alte Schrift, eine Sammlung praktischer Tipps, inspirierender Ratschläge, provozierender Aphorismen und tiefgründiger Weisheiten: die *Apophthegmata Patrum*, auch *Die Sprüche der Väter* genannt.

Ein wesentliches Merkmal der *Sprüche der Väter* ist ihre persönliche, praktische und experimentelle Note: Alles darin hat zum Ziel, einen tugendhaften Charakter zu entwickeln. Die Entwicklung der Person mit all den dazugehörigen Facetten wie Temperament, Gefühle, Weisheit, Beweggründe, Selbstbeherrschung und Mentalität stehen im Leben der Wüstenväter und -mütter im Mittelpunkt. Ihr Ziel ist es, andere zu inspirieren. Nicht, um ihnen eine Lektion zu erteilen – die Wüstenmönche sind keine Moralapostel. Ihr Leben ist zwar extrem und konfrontierend, aber sie schreiben niemandem vor, so sein zu müssen wie sie. Berufsradrennfahrer erwarten ja auch nicht, dass jeder Amateurradsportler die Diät einhält, die sie während der Tour de France einhalten. Und ein Profifußballer ermutigt auch nicht jeden Amateurfußballer, seinem Trainingsschema zu folgen. In gewisser Hinsicht sind die Wüstenmönche mit Hochleistungssportlern zu vergleichen.

So wie wir durch berühmte Sportler inspiriert werden, unser Hobby ernst zu nehmen, fühlen wir uns beim Lesen über die Leben der Wüstenväter und dem Studieren ihrer Weisheiten ermutigt. Natürlich ist dieses Buch auch einfach sehr informativ, aber das Lesen muss nicht nur eine unverbindliche Übung sein. Die provokante Lebensweise der Wüstenväter und -mütter ist eine Anklage gegen jegliche Form von Bürgerlichkeit in unserem Leben, wer man auch ist und was auch immer man glaubt. Sie fordern jeden dazu auf, in neuer Weise über Themen wie Mitmenschlichkeit, Anschauungen, Stille, gute Taten und die Würde des Menschen nachzudenken.

Wir – Jedi, Karin, Marcel, Johan, Sander und Mattias – sind so durch das Leben der Wüstenväter inspiriert worden, dass wir zusammen dieses Buch gemacht haben. Was es wohl mit dir machen wird? Es gibt eigentlich nur eine Möglichkeit, das herauszufinden.

Mattias Rouw

DAS TEAM

MATTIAS ROUW
Autor

MARCEL ENDERINK
Art-spreads

SANDER WEETELING
Gestaltung

JEDI NOORDEGRAAF
Illustration

KARIN TIMMERMAN
Kartografie

JOHAN KLEIN HANEVELD
Redaktion

Deutsche Ausgabe des niederländischen Originaltitels
Mattias Rouw: Woestijnvaders onderweg – Inspiratie voor nu

ISBN 978-94-6005-042-8

1. Auflage 2021

Lektorat: Marlene Fritsch
Druck und Bindung: Finidr s.r.o., Český Těšín
ISBN 978-3-7365-0359-5

Art direction: Marcel Enderink, Jedi Noordegraaf, Sander Weeteling, Mattias Rouw

Illustrationen: © StudioVandaar, Jedi Noordegraaf
Art-spreads: © Zolderkamer72, Marcel Enderink
Gestaltung: SW Studio, Sander Weeteling

Zolderkamer72

SW Studio

EIN GUTER TAG, UM ZU ÜBEN

Ein Altvater in der Wüste nahe der Sketis erwischte Diebe, die ihm alles aus seinem Mönchshäuschen stahlen. Er sagte zu ihnen: „Beeilt euch, oder die anderen Mönche werden euch fortjagen!“ Die Diebe sahen ihn erstaunt an, aber der Mönch sagte: „In der Bibel steht: ‚Fordert nicht zurück, was euch genommen wurde!‘, und heute scheint ein guter Tag zu sein, das zu üben.“

SANFT ANDRÜCKEN

Ein Altvater sagte: „Wer seine guten Taten so tut, dass sie alle sehen, ist wie ein Sämann, der auf seinem Feld Samen sät. Die Vögel des Himmels kommen und picken die Samen auf. Wer aber seine guten Werke im Verborgenen tut, ist wie ein Sämann, der die Samen in kleine Vertiefungen sät und sie dann sanft andrückt. Er wird reichlich ernten."

FRANKREICH
ITALIEN
MARSEILLE
ROM
KARTHAGO
TUNESIEN
ALEXANDRIA
MITTELMEER
NITRIA
PERNOUJ
SKETIS
TERENUTHIS
BABYLON (KAIRO)
NIL
KOMA
PISPIR
KOLZIM
SINAI
OASE PHARAN
KATHARINEN KLOSTER
TOLA
ÄGYPTEN
RAITHU
ROTES MEER
50 KM

RUMÄNIEN
SCHWARZES MEER
ANNESIS
KONSTANTINOPEL
(ISTANBUL)
NYSSA
CÄSAREA
PHOTIKE
GRIECHENLAND
TÜRKEI
SELEUCIA
MITTELMEER
JERUSALEM
SINAI
LIBYEN
ROTES
MEER
ÄGYPTEN
NIL
SUDAN
LANDESGRENZE (2015)
ÜBERSCHWEMMUNGSGEBIET NILDELTA
ORTSNAME IN DER ZEIT DER WÜSTENVÄTER
BERG
KLOSTER
200 KM

FÜR DIE
EINZUTR
NICHT N
LIEBE, S
GERECHT

540
Gregor wird geboren

ca. 575
Stadtkommandant von Rom

575
gründet sieben Klöster

580
Botschafter in Konstantinopel

586
Rückkehr nach Rom

590
zum Bischof von Rom geweiht

604
gestorben

Ein Zitat

Wir sind aus Staub gemacht, niemand hat ein Recht darauf, es ist gemeinsamer Besitz. Und was wir mithilfe dieses Körpers produzieren, dient darum unser aller Stärkung.

Vergebens denken Menschen, dass sie unschuldig seien, wenn sie behaupten, dass sie ihre Besitztümer nicht teilen müssten. Denn Menschen, die so denken, treiben Raubbau am Leben anderer. Sie erschaffen ein Schlachtfeld, auf dem sie mordend herumgehen, weil sie zurückbehalten, was dem anderen gehört. Denn wenn man Menschen in Not hilft, gibt man ihnen, was ihnen gehört, nicht einem selbst. Wenn man seine Besitztümer mit anderen teilt, spricht man daher besser von einer Tat der Gerechtigkeit als von einer Tat der Nächstenliebe.

Gregor
Keine Nächstenliebe

Im dritten Jahrhundert vor Christus lebt ein großer Philosoph: Aristoteles. Dieser brillante griechische Denker entwirft in seiner Zeit eine Tugendethik und beschreibt darin, wie ein Mensch leben sollte. Das Ziel der Ethik von Aristoteles ist es, das menschliche Leben aufblühen zu lassen. Dies gelingt seiner Ansicht nach vor allem durch das Tun guter Werke. So entwickelt man nämlich einen tugendhaften Charakter, und das ist laut Aristoteles das höchste Glück. Ein paar Jahrhunderte später entwickelte Gregor so seine eigenen Ideen, was mit diesen guten Werken gemeint ist. Er verkündet als seine feste Überzeugung: Sei gerecht und hilf Menschen in Not!

DURCH TUGENDEN FINDET MAN FREUDE

„Das ist jemand mit einem starken Charakter", sagt man manchmal. Was ist das aber eigentlich, „Charakter"? Im Allgemeinen geht es dabei um Aspekte wie Temperament, Wille und Mentalität. psychologische Kennzeichen, die letztlich beeinflussen, wie man handelt. Wie aber entwickelt man diese Kennzeichen? Laut Aristoteles beginnt dies mit dem Üben der vier Tugenden: Tapferkeit, Mäßigung/Selbstbeherrschung, Gerechtigkeit und Klugheit/Weisheit. Diese vier Tugenden werden auch „klassische" oder „Kardinaltugenden" genannt. Später haben die Christen drei weitere Tugenden hinzugefügt: Glaube, Hoffnung und Liebe/Barmherzigkeit.

Es ist interessant, dass der Mönch Gregor die Sorge für Menschen in Not „Gerechtigkeit" nennt, eine klassische Kardinaltugend. Warum zählt er es nicht zur christlichen Tugend der „Liebe"? Er spricht doch vor einem christlichen Publikum! Wäre es nicht schlauer, dann die christlichen Tugenden anzusprechen? Anscheinend nicht. Gregor wählt wohlweislich eine allgemeine Tugend. Denn wer immer man auch ist: Wenn man einen guten Charakter entwickeln will, gehört es dazu, dass man für Menschen in Not sorgt. Das steht für Gregor außer Zweifel.

GERECHTIGKEIT IST KEINE OPTION

Sich um den Nächsten, um Hilfsbedürftige und Hungrige zu kümmern, betrachten die Wüstenväter als eine Tat der Gerechtigkeit. Das Wort „Gerechtigkeit" hat etwas Normatives an sich, es ist etwas, das geschehen muss. So sieht es auch Gregor: Menschen in Not zu helfen, ist eine moralische Pflicht. Vieles von dem, was wir jetzt „Barmherzigkeit" nennen, ist darum nach Ansicht der Wüstenväter eigentlich Gerechtigkeit. Und wir halten uns selbst zum Narren, wenn wir diese Begriffe verwechseln.

Denn wenn man für Arme, Geflüchtete oder Alleinerziehende eintritt, tut man nichts anderes, als ihnen zu geben, worauf sie in aller Ehrlichkeit, Redlichkeit und Anständigkeit ein Recht haben. Für sie zu sorgen ist, was sich zu tun gehört, und man kann es einem zum Vorwurf machen, wenn er es unterlässt. Gregor der Große vergleicht das Vorenthalten von Hilfe sogar mit Mord. Ein schwerer Vorwurf, über den wir heute ruhig einmal nachdenken können.

DER INSPIRIERTE GREGOR

Gregor ist ein inspirierter Mann. Das zeigen ein paar Zitate von Wüstenvätern und Bischöfen, die vor seiner Zeit lebten. Es wird deutlich, woher er sich seine Inspiration nahm.

„Durch die Unterstützung der Armen erweist man ihnen keine Gnade, sondern verrichtet man eine Tat der Gerechtigkeit."
– Ambrosius von Mailand (340–397)

„Wenn man die Armen nicht teilhaben lässt an dem, was man hat, bestiehlt man sie und enthält man ihnen das Leben vor. Unsere Besitztümer gehören nicht uns, sondern ihnen."
– Johannes Chrysostomos (349–407)

„Lass die Armen nicht im Stich in dem Moment, wo sie Hilfe brauchen, dann wird das Öl in deiner Lampe weiterbrennen und werden deine Werke ein Licht für die Welt sein und werden die Menschen Gott ehren."
– Evagrios Pontikos (345–399)

VON MITLEID ZUM MIT-LEIDEN

An welchem Punkt wird aus dem Sorgen für die Armen Barmherzigkeit? In dem Moment, wenn Menschen nicht mehr von ihrem Überfluss abgeben, sondern so viel geben, dass es sie wirklich etwas kostet. Wenn Mitleid Mit-Leiden

ARM WERDEN FÜR DIE ARMEN

Eine besondere Mönchsgeschichte über das Mitleiden mit den Armen erzählt der Wüstenmönch Evagrios. Er berichtet von einem Mönch, der eine Bibel besaß. Das war ziemlich viel, denn normalerweise besaßen Mönche nichts außer den Kleidern, die sie am Leib trugen. Eine Bibel, in jener Zeit mit der Hand geschrieben, war etwas sehr Besonderes und Kostbares. Es kann sein, dass der Mönch die Bibel noch besaß aus der Zeit, bevor er Mönch wurde, oder dass es ein Geschenk eines Freundes war. Wir wissen es nicht genau.

Wohl aber wissen wir, dass der Mönch vom einen auf den anderen Moment seine Bibel verkaufte. Seine Mitbrüder verstanden das nicht. Er las jeden Tag darin! Das Geld, das er dafür bekam – einen hohen Betrag –, schenkte er auch noch den Armen. Sie waren sprachlos. Warum nur? Als sie ihn erstaunt fragten, warum er so plötzlich die Bibel verkauft hatte, erhielten sie eine verblüffende Antwort: „Ich habe die Bibel verkauft, in der geschrieben steht: ‚... verkaufe alles, was du besitzt, und gib den Ertrag den Armen.'"

wird und man dem anderen etwas von sich selbst gibt. Es hat also wenig mit dem guten Gefühl zu tun, das man vielleicht bekommt, wenn man etwas Geld für einen guten Zweck überweist. Echte Barmherzigkeit kommt erst zum Vorschein, wenn man so viel gibt, dass man selbst etwas dafür lassen muss.

Lasst uns klein anfangen und von den weisen Wüstenvätern Folgendes lernen: Unsere Straßen und unser Land würden ganz anders aussehen, wenn wir nur schon einmal das Recht der Hilfsbedürftigen ernst nehmen würden. Lasst uns damit beginnen, von unserem Überfluss abzugeben und so zurückzugeben, was eigentlich den Menschen in Not gehört. Setzen wir uns für Gerechtigkeit ein. Und vielleicht, ganz vielleicht fühlen wir uns irgendwann auch einmal so inspiriert, dass wir zu echter Barmherzigkeit gelangen.

Gregor

Gregor hat in der frühen Kirchengeschichte viele Namensbrüder. Offensichtlich war es ein beliebter Name, der „wachsam" und „Wächter" bedeutet. So gibt es Gregor den Wundertäter (zweites Jahrhundert), Gregor den Erleuchter (drittes Jahrhundert), Gregor den Theologen (viertes Jahrhundert) und Gregor von Tours (sechstes Jahrhundert). Im sechsten Jahrhundert begegnen wir Gregor dem Großen, nach dem dieses Kapitel benannt ist. Sein anderer Beiname ist Gregor Dialogos, aufgrund seiner Bücher „Dialoge". Den Beinamen „der Große" trägt er übrigens erst seit dem Ende des neunten Jahrhunderts. Und tatsächlich, dieser Name steht ihm gut, denn das Leben von Gregor kann man „großartig" nennen.

> “ *Echte Barmherzigkeit ist: so viel zu geben, dass man selbst etwas dafür lassen muss.* ”

VOM REICHEN JURISTEN ZUM EINFACHEN MÖNCH

Gregor wird um 540 in einer Familie geboren, die zuvor schon zwei große Kirchenmänner in Rom hervorgebracht hatte. Durch eine gute Erziehung und ein fundiertes Jurastudium wird er mit ungefähr dreißig Jahren zum Praefectus urbi Romae (Stadtkommandant von Rom) ernannt. Das ist ein hoher Posten, verbunden mit exekutiven und juristischen Aufgaben. Eine beachtliche Leistung in so jungen Jahren. Doch hat Gregor das Gefühl, dass Gott ihn zu einer anderen Aufgabe berufen hat. Um diesem Gefühl Nachdruck zu verleihen, verkauft er nach dem Tod seines Vaters seinen gesamten Besitz. Das Geld, das er dafür bekommt, gibt er den Armen. Dann gründet er sieben Klöster. Eins dieser Klöster errichtet er in seinem eigenen Haus auf dem Coeliushügel (einer der sieben Hügel Roms), die anderen sechs auf Sizilien.

Nun werden in jener Zeit schon häufiger einmal Klöster von großzügigen Spendern gegründet, aber Gregor geht einen Schritt weiter: Er wird selbst Mönch. In seinem Kloster in Rom führt er zusammen mit ein paar Benediktinermönchen ein einfaches, zurückgezogenes Leben. Sein ruhiges Mönchsleben findet ein Ende, als der Bischof von Rom ihn bittet, für längere Zeit als Botschafter an den Kaiserhof von Konstantinopel zu gehen. Dort herrscht theologisch ziemliche Unruhe, aber Gregors juristischer und theologischer Hintergrund leisten gute Arbeit.

EIN AFFE WIRD KEIN LÖWE

Sechs Jahre bleibt Gregor in Konstantinopel, bevor er in sein Kloster in Rom zurückkehrt. Dort herrscht inzwischen ein fürchterliches Chaos: Die Pest greift um sich. Viele Römer sterben, und Gregor tut sein Bestes, um seinen Stadtgenossen zu helfen und ihnen offnung zu geben. Als der Bischof von Rom an der Pest stirbt, wird Gregor gebeten, sein Amt zu übernehmen. Zunächst will er nicht. Er hält sich selbst für ungeeignet. Aber das hilft nichts. Er wird einstimmig zum neuen Bischof gewählt. Als frisch gewählter Bischof von Rom bleibt er dennoch demütig. In einem Brief an die Schwester des Kaisers vergleicht er sich selbst sogar mit einem Affen:

„Ihr bittet einen Affen, ein Löwe zu werden. Aber auch wenn ich jetzt Löwe genannt werde, ich werde nie einer sein können."

DIENER DER DIENER

So wird Gregor der erste Mönch in der Kirchengeschichte, der auf dem Bischofssitz von Rom landet. Während Gregors Zeit als Bischof nutzt er sein Amt vor allem, um sich beispiellos für die Armen und als Beschützer für Rom einzusetzen. So spielt er eine große Rol-

FÜR DIE ARMEN
EINZUTRETEN IST
NICHT NÄCHSTENLIEBE,
SONDERN GERECHTIGKEIT.

WÜSTENVATER
Gregor G
335 – NC

le beim Abwenden einer Invasion durch die Langobarden. Und als der römische Kaiser mit Kriegführen im Norden des Landes beschäftigt ist, erbarmt Gregor sich liebevoll der vergessenen Menschen im armen Süditalien. Dabei nutzt er die Reichtümer und das Geld der Kirche, um ihnen zu helfen.

Viele Menschen sind durch Gregors Einsatz vor Hunger und Tod bewahrt worden. Gregor darf also zurecht „der Große" genannt werden, weil sein Leben ein inspirierendes Vorbild ist für das Sprichwort: leben, was man glaubt. Denn auch wenn Gregor den Bischofssitz in einer der wichtigsten christlichen Städte im römischen Reich bekleidet, betrachtet er sich selbst als *servus servorum Dei*, als einen „Diener der Diener Gottes". Was für ein Charakter! Was für eine Inspiration! Was für ein wunderbares Beispiel von Sorge für die Armen und Hilfsbedürftigen!

Ort ------ Landesgrenze (2015)

Rom ist die Stadt, in der Gregor den größten Teil seines Lebens verbringt.

Der Bischof von Rom schickt Gregor für ein paar Jahre als Botschafter nach **Konstantinopel**.

EIN BELIEBIGER TAG IM LEBEN EINES WÜSTENVATERS

Zu Beginn der Wüstenväterbewegung ist noch keine Rede von einer allgemeingültigen Weise, Mönch zu sein, geschweige denn von einer festen Tagesstruktur. Manche schweifen betend durch die Wüste. Andere schließen sich in einem verlassenen Fort oder Grabhäuschen ein und füllen ihre Tage mit beten und arbeiten. Wieder andere leben in kleinen Gruppen zusammen. Sie alle aber tun, was ihr Herz ihnen sagt.

In der Lebensbeschreibung von Antonios dem Großen, einem der ersten Wüstenväter, wird das tägliche Leben seiner Schüler allgemein beschrieben mit: „Das Singen von Psalmen, Fasten, Beten und das Arbeiten mit den Händen, um Geld zu verdienen und es den Armen zu geben.“ Ein Jahrhundert später hat sich daran wenig geändert, als Poimen in den *Sprüchen der Väter* die tägliche Arbeit eines Wüstenmönchs zusammenfasst mit: „Arbeiten mit deinen Händen, in jedem Fall einmal pro Tag essen, still sein und meditieren.“

ARBEITEN MIT DEN HÄNDEN

Echte Mönchsarbeit bedeutet das Flechten von Matten oder Körben, das Knüpfen von Netzen für die Jagd oder das Fischen, das Herstellen von Papyrus oder das Kopieren von Büchern. Das damit verdiente Geld wird für den eigenen Lebensunterhalt gebraucht, und um es an die Armen zu verschenken.

Während der Arbeit konzentriert sich der Mönch auf das Beten oder das Meditieren, oder er lernt Gebete und Bibelverse auswendig. Meistens wird von Sonnenaufgang bis Sonnenuntergang gearbeitet.

EINMAL PRO TAG ESSEN

Das Essen eines Wüstenvaters besteht hauptsächlich aus Brot. Meist wird es gegen drei Uhr mittags gegessen. Da die Mönche wochentags oft alleine in ihrem Mönchshäuschen, dem Kellion, arbeiten, decken sie sich für eine längere Zeit mit Brot ein. Das Brot kann manchmal Wochen alt sein und wird in Salzwasser getunkt, um es weich zu machen.

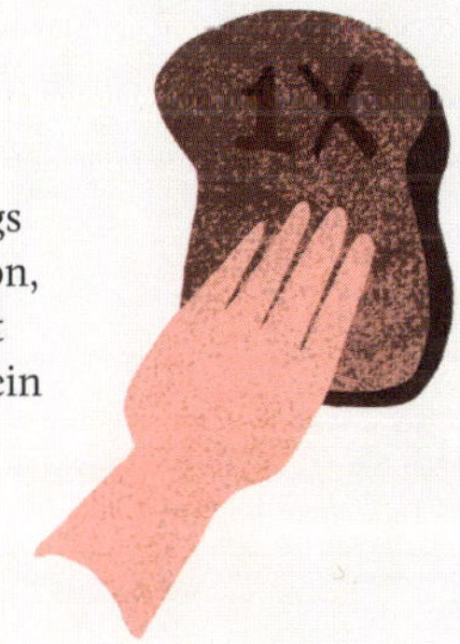

NICHT REDEN

Dadurch, dass der Mönch nicht redet, richtet er den Fokus auf seine Handarbeit, auf das Auswendiglernen und das Beten.

MEDITIEREN

Unter Meditieren verstehen die Wüstenväter das Aufsagen oder Singen von Teilen der Bibel, vor allem der Psalmen. Manche Wüstenväter sagen sogar zehntausend Verse pro Tag auf. Andere gehen es ruhiger an und beschränken sich auf das Wiederholen eines einzigen Satzes.

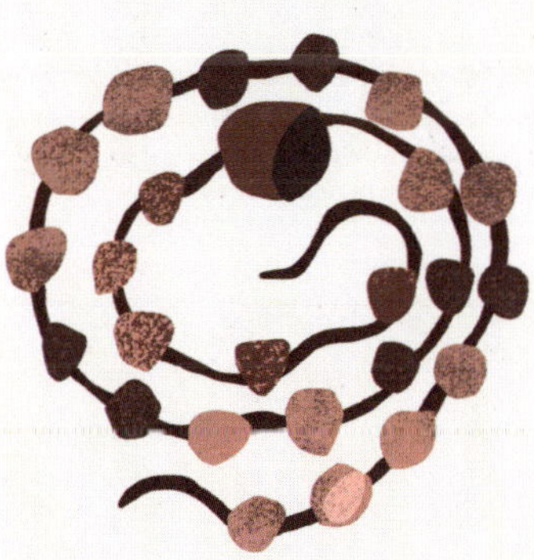

BETEN

Die Zahl der festen Gebetszeiten pro Tag ist je nach Mönch verschieden. Es gibt unterschiedliche Bräuche von zwei, drei, fünf, sieben oder sogar vierundzwanzig festen Gebetszeiten pro Tag.

LOREM IPSUM I
GWERT SEIT TU
WORTEN ONC E
EL M MI. EMPER
I NEC QUAMAUT
ACERPELRALRN
E IN DER HABIT
TRISTIQUES TES
TURPIS EGESTA
QUSICHTBAR SS

OR SITDER AME
VON PILTINCI
SEMENUN FIE
ORWIRD CISKE
CTOR, SED PLI
ARE. EMPER IAT
A SYIN COMMO
ENECTUS DE NE
TR STILLE NPL
A TINCIDUNT EI

303
Pambo wird geboren

ca. 320
zum Mönch geweiht

340
zum Priester des Gebietes Nitria geweiht

ca. 374
stirbt in seinem Kellion

Das Zitat

Theophilos, der Bischof von Alexandria, reiste einmal in das Gebiet der Sketis in Ägypten. Die Mönche, die dort wohnten, fühlten sich durch den hohen Besuch sehr geehrt und baten Abbas Pambo: „Sprich ein paar Worte zum Bischof, dass seine Seele gestärkt und erbaut werde." Aber der alte Mann sagte: „Wenn er nicht von meinem Schweigen lernen kann, gibt es auch keine Hoffnung, dass er von meinem Sprechen etwas lernen würde."

Pambo
Lehrende Stille

Viele Wüstenväter schreiben über das Schweigen. Nicht, dass Sprechen an sich schlecht wäre, aber es birgt eine gewisse Gefahr in sich. Man kann nämlich einfach weiterreden, ohne dass tatsächlich etwas geschieht. Dann verdrängen Worte nur Luft und haben keine wirkliche Bedeutung. Die Wüstenväter finden, dass „interessantes Gerede" nur ablenkt von dem, was wirklich wichtig ist. Diskussionen und theoretische Abhandlungen betrachten sie als Treibsand. Denn man kann darin stecken bleiben und letztendlich darin versanden. Daher liegt der Fokus zunächst auf dem Versuch, sich praktisch an die Arbeit zu machen, und da zählt Geschwätz gewiss nicht dazu.

KEINE WORTE, SONDERN TATEN

Worte können prächtige Bilder der Zukunft malen. Aber mit Worten ist die Zukunft noch nicht Wirklichkeit. Und wenn man nur über seine Pläne redet, geschieht nie etwas Konkretes. Wüstenvater Theodoros hat diese Gefahr genau im Visier. Als er ein paar Mönche diskutieren hört, sagt er streng:

„Du hast die Fracht nicht an Bord gebracht und nicht einmal ein Schiff gefunden. Doch du benimmst dich, als ob du nach einer langen Reise sicher im Hafen liegst, dabei hast du den Hafen noch nicht einmal verlassen! Tu erst, was du tun musst. Hör auf zu diskutieren und geh an die Arbeit."

SCHULE DES SCHWEIGENS

Im obigen Zitat wird deutlich, dass Pambo das Schweigen sehr ernst nimmt. Die *Sprüche der Väter* erzählen, dass er manchmal jahrelang nicht sprach. Das klingt vielleicht arg übertrieben, zeigt aber etwas von seinem tiefsten Verlangen, nichts Falsches sagen zu wollen. So ist das Schweigen für Pambo eine wichtige Schule, um seine Zunge beherrschen zu lernen.

> *“Wenn er nicht von meinem Schweigen lernen kann, gibt es keine Hoffnung, dass er von meinem Sprechen etwas lernen würde.”*

Pambo sieht es nicht als seine Aufgabe, flotte Ratschläge zu geben. Flotte Ratschläge werden nämlich auch flott vergessen. Darum fordert er Theophilos mit seinem Schweigen heraus, weiter zu gehen als mit Worten zu punkten. Pambos Schweigen lädt Theophilos ein, sich neben ihn zu setzen. So kann der Bischof lernen – nicht, indem er ihn anhört, sondern indem er ihn anschaut.

DAS VERSCHLUCKEN VON WORTEN

Wie würde sich der Wert unserer Worte verändern, wenn wir uns mehr Zeit nähmen, bevor wir sie aussprechen? Und was

DER WORTWÄCHTER

Als Kind ging ich in eine Schule, in der die Kinder nicht immer nett miteinander redeten. Schon bald übernahm ich die Sprache meiner Mitschüler. Meine Mutter sagte mir das auch, aber es war sehr schwierig, meinen neuen Wortschatz wieder loszuwerden. Der Einfluss der Sprache, die in meinem Umfeld gesprochen wurde, war zu groß. Aber sie beließ es nicht dabei.

Meine Mutter dachte sich etwas aus, das mir helfen würde, es zu ändern. Es war eine Halskette, an der ein kleiner Soldat hing. Außerdem gab sie mir einen Satz aus der Bibel dazu: „Stelle einen Wächter vor meinen Mund, Herr, bewache das Tor meiner Lippen." Wochenlang trug ich die Kette unter meiner Kleidung. Jedes Mal, wenn ich den kleinen Soldaten fühlte oder sah, wurde ich daran erinnert, dass ich schweigen und mich ändern wollte.

würde geschehen, wenn wir dabei den Schwerpunkt vom Reden auf das Handeln verschieben würden? Verschluck mal ein paar Worte. Sei mal still. Denn das Schweigen könnte dir vielleicht helfen, dem, was du tust, mehr Richtung zu geben, das ist zumindest die Erfahrung, die die Wüstenmönche uns lehren.

Wenn du lernst, die Worte innerhalb der Mauern deiner Gedanken zu halten, kannst du durch bedeutsame Taten zeigen, wofür du stehst. Taten können den Unterschied ausmachen: *„Denn man zündet nicht ein Licht an, um es dann unter den Scheffel zu stellen, sondern man setzt es auf einen Leuchter, dann scheint es für alle im Haus"*, wussten die Wüstenväter aus der Bibel. Wenn du also etwas zu sagen hast, dann zeige es, so wie das Licht auf dem Leuchter. Die Gedanken unter dem Scheffel bewirken wenig, aber wenn du in Bewegung kommst, kannst du wirklich für einen anderen von Bedeutung sein.

LASS MICH EINFACH SCHAUEN

In den *Sprüchen der Väter* findet sich eine Geschichte, aus der deutlich hervorgeht, dass es neben Pambo noch mehr Wüstenväter gibt, die Taten inspirierender finden als Worte:

„Jedes Jahr war ein Mönch mit einer Gruppe Freunde beim weisen Abbas Antonios zu Besuch. Die Freunde stellten dann lauter wichtige Fragen über das Leben. Jedes Jahr wieder. Nur einer der Mönche sprach während der Besuche nie ein Wort. Nach ein paar Jahren fragte Antonios ihn einmal: ‚Du suchst mich jetzt schon seit Jahren auf, aber du hast mir noch nie eine Frage gestellt wie deine Freunde. Warum?' Woraufhin der Mönch sagte: ‚Meister, es ist für mich bereits lehrreich genug, Euch anzusehen.'"

Pambo

Pambo wird Anfang des vierten Jahrhunderts geboren und verbringt einen großen Teil seines Lebens in den Bergen von Nitria, eines der großen Gebiete, in denen die Mönche wohnten, auf der nordwestlichen Seite des Nildeltas. Pambo, der weder lesen noch schreiben kann, beginnt sein Mönchsleben als Schüler des bekannten Wüstenvaters Antonios des Großen, dem Begründer des Wüstenmönchtums.

Ein Ereignis, das sein weiteres Leben bestimmt und bleibenden Eindruck auf Pambo macht, ist das Hören eines Verses aus dem Buch der Psalmen. Es ist für die Wüstenväter in jener Zeit üblich, alle Psalmen auswendig zu kennen. Da Pambo aber Analphabet ist, bittet er einen alten Wüstenvater, ihn einen Psalm zu lehren. Als dieser beginnt, Psalm 39 aufzusagen, ist Pambo tief getroffen. Er vernimmt die erste Zeile: *„Ich sagte: Ich will auf meine Wege achten, damit ich nicht sündige mit meiner Zunge. Ich lege meinem Mund einen Zaum an, solange der Frevler vor mir steht."*

> *„Lass mich dies erst einmal in die Praxis umsetzen, bevor wir mit dem zweiten Vers weitermachen."*

Pambo wartet die zweite Zeile des Psalms nicht ab. Er sagt zu dem alten Mann: *„Lass mich erst einmal diesen ersten Vers in die Praxis umsetzen, bevor wir weitermachen."* Danach kehrt er in sein Kellion zurück, wo er darüber nachdenkt, wie er diesen Vers in seinem Leben wirksam werden lassen könnte.

DER LANGE WEG DES SCHWEIGENS

Acht Jahre lang verlässt Pambo sein Kellion nicht. Als er es schließlich doch tut, redet er so gut wie nie. Das Erste aber, das er nach den acht Jahren tut, ist, dem alten Mönch, der ihm den ersten Vers von Psalm 39 vorgelesen hatte, einen Besuch abzustatten. Der Mönch fragt erstaunt, warum er nie zurückgekommen war, um den Rest des Psalms zu lernen.

KIESELKAUGUMMI

Es klingt vielleicht verrückt, denn man würde wahrscheinlich etwas anderes erwarten, aber die meisten Wüstenväter reden wenig über die Bibel. So enthalten die *Sprüche der Väter* fast keine theologischen Abhandlungen. Der Schwerpunkt liegt einfach auf dem Tun dessen, was dort steht: schweigen, beten und arbeiten. Manche gehen darin sehr weit. So steht über Abbas Agathon geschrieben:

„Man erzählt, dass er drei Jahre lang mit einem Kiesel in seinem Mund gelebt hat, um sich selbst ständig daran zu erinnern, nichts Falsches zu sagen. Er wollte kein Wort sagen, das er später bereuen würde."

Pambo antwortet, dass das nicht an ihm, dem alten Mönch, lag, sondern dass es einfach acht Jahre gedauert habe, bevor Gott ihm die Kraft gab, den ersten Vers in die Praxis umzusetzen.

Da Pambo es zu dem Zeitpunkt immer noch schwierig findet, den ersten Vers wirklich zu leben, zieht er sich nach dem Gespräch mit dem alten Mönch erneut in sein Kellion zurück. Dort bleibt er zehn Jahre lang, ohne mit jemandem zu reden, mit dem Ziel, sich noch besser darin zu üben, in seinen Gedanken nichts Schlechtes zu denken und mit dem Mund nichts Schlechtes zu sagen.

> *„Ich will auf meine Wege achten, damit ich nicht sündige mit meiner Zunge. Ich lege meinem Mund einen Zaum an."*

DER WERT VON WORTEN WIRD IN DER STILLE SICHTBAR.

WÜSTENVATER
Pambo
303 N.CHR.

PAMBO, DER SPIRITUELLE RAMBO

Ungefähr achtzehn Jahre, nachdem er zum ersten Mal den ersten Vers von Psalm 39 hörte, fängt Abbas Pambo wieder sehr spärlich zu reden an. So gibt er, wenn er etwas gefragt wird, nie direkt eine Antwort. Immer nimmt er sich erst Zeit, um zu beten:

„Es ist bekannt, dass Abbas Pambo, wenn man zu ihm kam, um Rat zu erbitten oder ihm ein Problem zu unterbreiten, nie sofort Antwort gab. Er sagte immer: ‚Ich habe die Antwort noch nicht gefunden.' Manchmal vergingen Wochen, ohne dass er Antwort gab. ‚Ich kann einfach nicht fassen, was die Konsequenz der Worte, die ich aussprechen möchte, sein wird, also gebe ich noch ein Weilchen keine Antwort', sagte er dann. Aber wenn er schließlich antwortete, war es sehr weise, als ob Gott jedes seiner Worte gesegnet hätte."

Jedes einzelne Wort, das man sagt, mit Gott zu beratschlagen, das ist wohl einzigartig. Darum geht Wüstenvater Pambo als ein sehr inspirierender Mönch in die Geschichte ein. Sogar so inspirierend, dass er aus seiner Zeit heraus auch heute noch viele anspricht. Er ist der Mann, der auf seinem Sterbebett sagte:

„Ich kann mich nicht daran erinnern, dass ich, seit dem Moment, in dem ich die Welt verlassen habe, um Mönch zu werden, selbst ein Kellion gebaut und hier gelebt habe, jemals Brot gegessen hätte, für das ich nicht selbst gearbeitet habe, und durch Gottes Gnade habe ich nicht ein einziges Wort gesprochen, das ich später bereut habe. Doch werde ich gleich sterben als jemand, der gerade erst angefangen hat, Gott zu dienen."

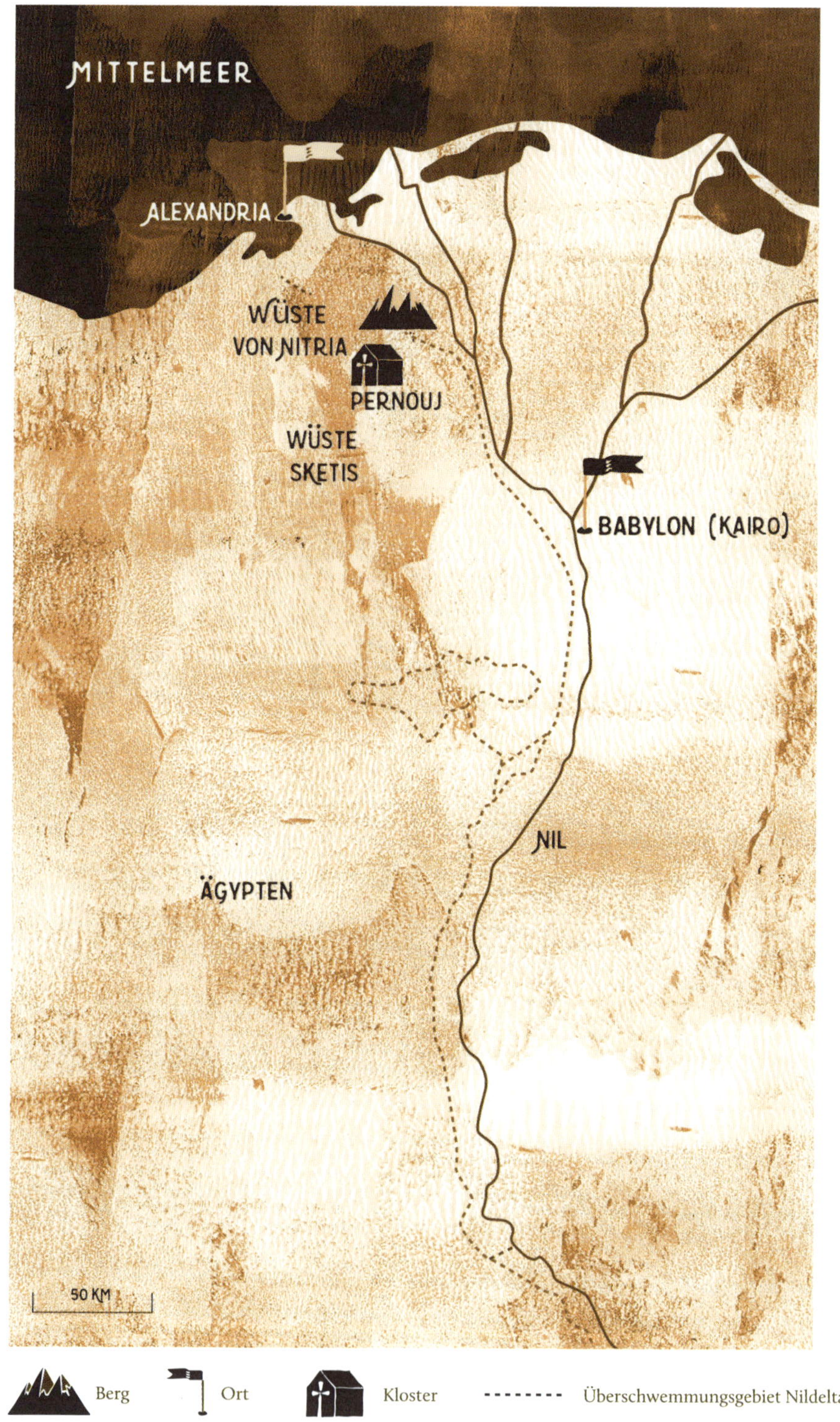

Nahe von **Nitria** in einem Kloster in **Pernouj** hat Pambo den größten Teil seines Lebens verbracht.

ANTONIOS & PAMBO

Pambo fragte Abbas Antonios: „Was muss ich eigentlich tun?“ Der alte Antonios antwortete: „Sei nicht zu überzeugt von deiner eigenen Güte. Mach dir keine Sorgen über Dinge, die gewesen sind. Halte deine Zunge und deinen Bauch im Zaum.“

MAKARIOS & PAMBO

Wüstenvater Makarios erzählte, dass es einmal einen Mönch gab, der Pambo fragte: „Ist es gut, Menschen ein Kompliment zu machen?“ Daraufhin wurde Pambo still, und nach einer Weile antwortete er: „Es ist sehr gut, jemandem ein Kompliment zu machen, aber es ist noch besser, nichts zu sagen.“

THEODOR & PAMBO

Theodor sagte zu Abbas Pambo: „Gib mir ein Lebensmotto.“ Mit großer Zurückhaltung sprach Pambo darauf folgende Worte: „Geh nun, Theodor, und hab mit jedem Mitleid. Denn wenn man Anteil nimmt am Leiden und am Schmerz anderer, öffnet das den Weg, um freimütig zu Gott zu sprechen.“

POIMEN & PAMBO

Abbas Poimen sagte einmal: „Im Leben von Abbas Pambo sehen wir drei inspirierende Dinge: Er aß nie tagsüber, nur abends ein wenig, er sprach so wenig wie möglich und war immer hart bei der Arbeit.“

PROSTITUIERTE & PAMBO

Pambo fing an, leidenschaftlich zu weinen, als er eine Stadt betrat und eine Prostituierte sah, die wunderschön war. Seine Mitbrüder fragten ihn, warum er denn so weinen müsse. „Erstens, weil ich jemanden sehe, der sich selbst voller Hingabe ins Unglück stürzt. Zweitens, weil sie mir eine harte Lektion erteilt. Sie gibt sich nämlich viel Mühe, um Kunden zu gewinnen, denn durch ihre schönen Kleider ist sie eine bezaubernde Erscheinung. Ja, sie gibt sich sogar viel mehr Mühe als ich. Denn wie wenig Mühe gebe ich mir, um mein Leben für Gott und die Engel schön zu machen, indem ich mich anstrenge, ein tugendhaftes und heiliges Leben zu führen?“

ISAAK & PAMBO

Abbas Isaak erzählte, dass Pambo immer Folgendes sagte: „Der Mönch muss ein solches Gewand tragen, dass niemand es nehmen will, wenn er es auf drei Tage vor seine Zelle wirft.“

DIE VERJAGTE GASTFREUNDLICHKEIT

Einst brachten drei Mönche einige Besucher zu einem Altvater in der Sketis, und einer von ihnen sagte: „Abbas, ich habe die ganze Bibel auswendig gelernt." Der Altvater antwortete ihm: „Dann hast du Luft mit Worten gefüllt." Der Zweite sprach dann: „Ich habe die ganze Bibel für mich selbst abgeschrieben." Und der Altvater gab ihm zur Antwort: „Du hast deine Bücherbretter mit Papier gefüllt." Der Dritte sagte zum Schluss: „In meinem Kessel steht Moos", woraufhin der Altvater sprach: „Dann hast du die Gastfreundschaft bei dir verjagt."

GESELLIGKEIT KENNT KEINE ZEIT

Ein Altvater kam zu einem Wüstenvater zu Besuch. Dieser kochte einen Topf Linsen und sagte zu ihm: „Lass uns vor dem Essen erst ein kurzes Gebet sprechen." Der Wüstenvater betete daraufhin das ganze Buch der Psalmen, und der andere sagte zwei andere Bücher auswendig auf. Und als der Morgen anbrach, ging der Altvater, der zu Besuch gekommen war, fort, und sie vergaßen zu essen.

Het tegenovergestelde van praten is niet zwijgen, maar luisteren.

Das Gegenteil von Reden ist nicht Schweigen, sondern Hören
Het tegenovergestelde van praten is niet zwijgen, maar luisteren

391 - 399
die Zeit, in der Johannes Cassian durch die ägyptische Wüste zieht und mit Nisteros ein Gespräch führt.

Das Zitat

Eines Tages sagte Joseph zu Abbas Nisteros: „Ich kann meine Zunge nicht im Zaum halten. Ich sage immer wieder Dinge, die ich später bereue. Was kann ich dagegen tun?" Der alte Mann fragte: „Fühlst du dich ruhig und gelassen, wenn du redest?" „Nein", gab Joseph zu. Daraufhin antwortete Nisteros: „Wenn du keine Ruhe und Gelassenheit erfährst, warum redest du dann? Sei einmal still, wenn andere miteinander im Gespräch sind, und versuche zuzuhören, anstatt zu reden."

Nisteros
Aufmerksam zuhören

Sprache ist ein ausgezeichnetes Mittel, um Gefühle zum Ausdruck zu bringen. So können Worte Freude ausdrücken und um Erläuterung bitten. Leider können sie auch Schaden anrichten in Form von Klatsch und undifferenzierten Meinungen. In der Geschichte lesen wir vom Mönch Joseph, der eine bewusste Entscheidung trifft. Zuversichtlich nimmt er sich vor, beim Sprechen vorsichtig zu sein. Aber trotz vieler Versuche muss er erkennen, dass er seine Zunge nicht im Zaum halten kann. Schließlich bittet er den Wüstenvater Nisteros um Rat.

DIE STILLE ALS ÜBUNGSRAUM

Abbas Nisteros gibt Joseph einen messerscharfen Rat, passend zur Spiritualität der Wüstenmönche. Er sagt nämlich nicht: „Geh einfach in dein Zimmer und sei still" oder „Sag so oft wie möglich gute Dinge". Stattdessen rät Nisteros ihm, sich im Zuhören zu üben. Joseph kann so lernen, die Aufmerksamkeit von sich weg hin auf den anderen zu richten. So entstehen in einem Gespräch Raum und Ruhe für Begegnung. Joseph braucht sich also nicht verbal aufzudrängen, sondern darf einfach lernen, in Stille für den anderen da zu sein.

KOMMUNIZIEREN OHNE WORTE

Die Idee, „zuhörend anwesend zu sein", ist sehr wichtig für die Mönche. Sie wenden dies nicht nur auf die Kommunikation untereinander an, sondern auch auf das Beten. Viele kennen den Spruch: „Beten ist mit Gott sprechen", doch so sehen es die Mönche nicht. Für sie ist echtes Beten nicht Reden, sondern Zuhören – eine Haltung, „aktiv still zu sein". Das griechische Wort, das die Mönchsliteratur für diese Haltung gebraucht, ist *hesychia*. Es ist die Rede von *hesychia*, wenn Beten die Phase von „aufmerksam sein" erreicht, getragen von einem tiefen Bewusstsein der Anwesenheit Gottes. Gebet ist dann nicht mehr etwas, was der Mönch tut, sondern was er ist.

> „*Wenn man Gedanken unkontrolliert zulässt, mahlt einem bald ein wilder Strom von Analysen durch den Kopf.*"

WIRKLICH BEGEGNEN HEISST SEIN LASSEN

Gedanken werden oft von Wünschen und Erwartungen gelenkt. Wenn man diese Gedanken während des Redens unkontrolliert zulässt, mahlt einem bald ein wilder Strom von Analysen, Bildern und Argumentationen in Bezug auf den anderen durch den Kopf. Paradoxerweise schafft dieser Strom einen Abstand zwischen einem selbst und dem anderen, wie zwischen dem, der beobachtet, und dem, der beobachtet wird. Mönche wollen einen derartigen Abstand vermeiden, sie suchen Kontakt. Das Verkleinern dieses Abstands umschreiben sie als ein Hinuntergehen: vom Kopf zum Herzen. Das Herz ist dann der Ort, an dem Denken und Fühlen zusammenkommen. Es wird zu einem Ort der Begegnung auf Augenhöhe. Dort tut man nichts, dort ist man. Dort will man nichts vom anderen, dort begegnet man ihm, indem man ihn sein lässt.

BETEN HEISST STEHEN

Eine rätselhafte Definition von Gebet, in der immer wieder das „aufmerksame Stillsein" im Mittelpunkt steht, stammt von Theophan dem Einsiedler.

„Beten heißt vor Gott zu stehen, mit deinen Gedanken im Herzen. Und dann bleibst du vor Gott stehen, ohne Unterbrechungen, Tag und Nacht, bis zum Ende deines Lebens."

HÖR AUF ZU REDEN

Der Mönch will Gott und dem Mitmenschen begegnen, in aller Ehrlichkeit und Ruhe. Nisteros Rat ist deutlich: Fang an, zuzuhören. Stopp den Drang zu reden und dich selbst zu profilieren. Hör auf, andere in den Gedankenströmen, die dir durch den Kopf strudeln, zu ertränken. Versuche lieber, wirklich aufmerksam zu sein. Begegne dem anderen in einem Raum aktiven Stillseins. Diese Fähigkeit des Zuhörens kann tiefe Ruhe auslösen und dir weiterhelfen. Das ist es, was die Mönche in der Begegnung untereinander und in der Suche nach Gott lernen.

SITZEN UND SCHAUEN

Eine Geschichte, in der die Begegnung mit Seinlassen und das Stillsein mit Kontaktaufnehmen verbunden wird, stammt von Kallistos Ware:

„Es war einmal ein alter Mann, der die Gewohnheit hatte, stundenlang in der Kirche zu sitzen. Irgendwann fragten seine Freunde ihn, was er dort die ganze Zeit mache. ‚Ich bete', antwortete er. ‚Oh!', sagten seine Freunde, ‚dann hast du gewiss ganz viele Fragen an Gott!' Einigermaßen erstaunt sagte der alte Mann: ‚Ich frage Gott gar nichts.' ‚Aber was tust du dann die ganze Zeit?', fragten sie wieder. Er antwortete: ‚Ich sitze und schaue Gott an, und Gott sitzt und schaut mich an.'"

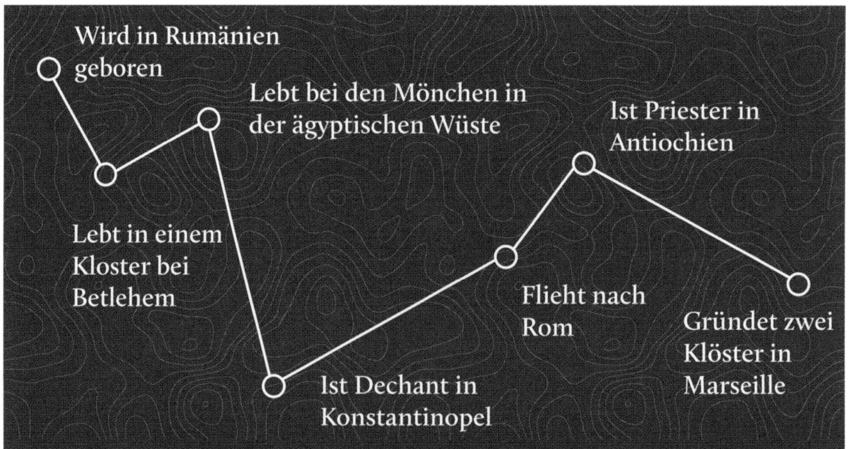

JOHANNES CASSIAN

Ein wichtiger Autor im Bereich der Mönchsliteratur ist Johannes Cassian. Johannes wird um 360 in einem Gebiet geboren, das heute zu Rumänien gehört. Zusammen mit seinem älteren Freund Germanus reist er zu einem Kloster in der Nähe von Betlehem. Drei Jahre lang leben sie dort, um dann zu den Mönchen in Ägypten weiterzureisen. Johannes spricht in der Wüste mit vielen Mönchen, darunter Nisteros. Diese Gespräche sind in seinem Buch *Unterredungen mit den Vätern* erhalten geblieben.

Die Unterredungen sind später im Westen sehr populär geworden, weil Johannes selbst einige Klöster in Marseille gründete und so die ägyptische Mönchsspiritualität nach Europa brachte. Der Mönch Benedikt von Nursia schreibt Anfang des sechsten Jahrhunderts die *Regel Benedikts*, die in vielen westlichen Klöstern populär wird. Diese *Regel* zitiert an vielen Stellen die *Unterredungen* von Johannes. Die Tatsache, dass viele Menschen im Westen die *Regel Benedikts* kennen, ist also Johannes Cassian zu verdanken.

Nisteros

Das Leben von Wüstenvater Nisteros ist in Geheimnisse gehüllt. Ihm sind sechs Sprüche in den *Sprüchen der Väter* gewidmet. So kennen wir ein einziges geografisches Detail aus seinem Leben:

„Sie sagen von Vater Nisteros, dass er, als er in Raitu lebte, drei Wochen pro Jahr Körbe flocht, und zwar sechs pro Tag."

Zum Glück gibt es noch ein anderes besonderes Mönchsbuch, aus dem wir mehr Information schöpfen können: die *Unterredungen mit den Vätern*. Dieses Buch ist von Johannes Cassian verfasst und eine Sammlung von vierundzwanzig Gesprächen mit verschiedenen ägyptischen Wüstenvätern. Gleich zwei der vierundzwanzig sind Gespräche mit Vater Nisteros, der als „sehr weise" und „in jeglicher Hinsicht außergewöhnlich" beschrieben wird. Johannes Cassian schreibt nach seiner Begegnung mit ihm:

„Sowohl unser Mönchsgelübde als auch der Verlauf der Reise zwingen uns dazu, der Unterweisung von Nisteros Folge zu leisten. Nisteros ist nämlich ein sehr weiser Mann und in jeglicher Hinsicht außergewöhnlich. Wir sprachen mit ihm, und als er hörte, dass wir bestimmte Teile der Bibel auswendig gelernt hatten, aber nicht genau wussten, was diese Worte bedeuteten, begann er uns zu unterweisen …"

> *„Lerne die Bibel auswendig, sodass du den ganzen Tag über all die Worte Gottes nachdenken kannst."*

NISTEROS GIBT HAUSAUFGABEN AUF

Nisteros ist ein richtiger Lehrer und gibt Johannes Cassian am Ende des zweiten Gesprächs eine ganze Menge Hausaufgaben mit:

„Lerne die Bibel auswendig, sodass du den ganzen Tag über all die Worte Gottes nachdenken kannst."

Das klingt nach einem ungeheuren Auftrag, aber für einen Mönch in jener Zeit ist es keine ganz so außergewöhnliche Herausforderung. Die meisten Wüstenmönche kennen sowieso große Teile der Bibel auswendig. Was Nisteros hier tut, ist nichts anderes, als den Besucher brüderlich zu ermutigen, seine Aufgabe als Mönch ernst zu nehmen.

Der Auftrag: „Lerne die Bibel auswendig" steht für Nisteros eindeutig im Zusammenhang mit dem Thema „hörend anwesend sein". Es ist eine klare Ermu-

DAS GEGENTEIL VON REDEN
IST NICHT SCHWEIGEN,
SONDERN HÖREN

WÜSTENVATER
Nisteros
391 N.CHR.

tigung, zu hören, was die Bibel zu sagen hat. Er spornt seine Schüler an, den Text nicht zu befragen, sondern ihn einfach zu sich sprechen zu lassen. Für Nisteros sind die Geschichten von Helden wie Abraham, Elia und David nicht aufgeschrieben worden, um sie einer kritischen Untersuchung zu unterziehen, sondern um sie mit ihren Tugenden wie Gastfreundlichkeit, Ruhe und Demut als inspirierende Vorbilder darzustellen. So wird Lesen eine kraftvolle Übung in „hörend anwesend sein". Nisteros ist tatsächlich ein weiser Mönch.

> *“Ich sitze und schaue Gott an, und Gott sitzt und schaut mich an.”*

ENZYKLOPÄDIE AUF ZWEI BEINEN

Mit dem Auftrag, die Bibel auswendig zu lernen, gibt Nisteros Johannes Cassian und seinem Freund Germanus einiges an Hausaufgaben auf. Doch der Mönch Ammonios übertrifft alles. Es heißt, dass er sowohl die ganze Bibel als auch weitere sechs Millionen Sätze aus anderen theologischen Büchern auswendig kannte!

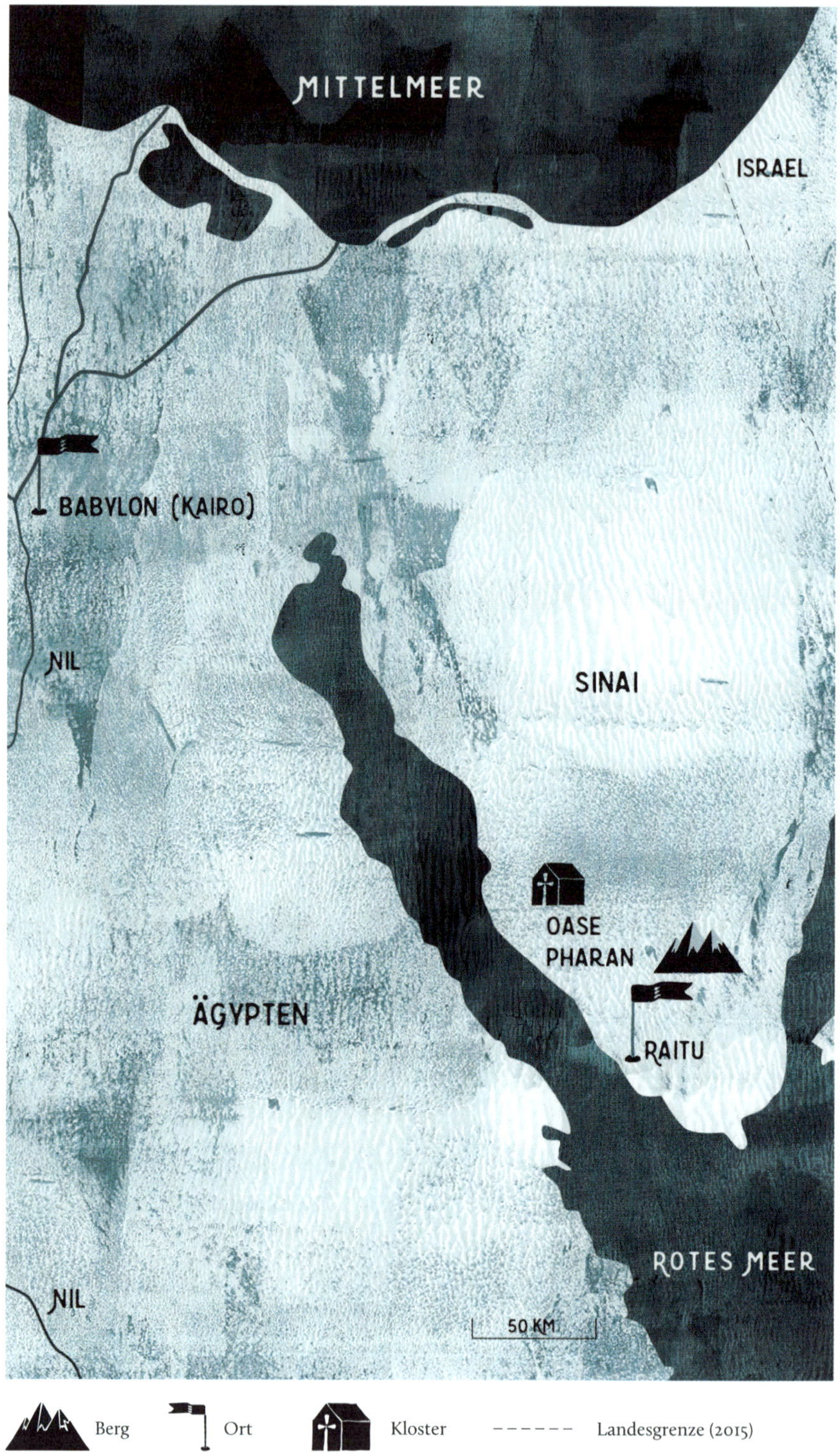

i **Raitu** ist die Stadt, in deren Nähe Nisteros lebte, in einem Kloster nahe der Oase von Pharan, in der Nähe des Bergs **Sinai**.

PRAKTISCHER RAT, WAS MAN TUN KANN, WENN JEMAND EINEM DAS HEMD VOM LEIB FRAGT

Die Mönchsbewegung ist zur Zeit von Nisteros noch recht neu, sozusagen ein kleines Jahrhundert alt. Weil die Bewegung sich nicht geplant und geordnet verbreitet, ist eine große Vielfalt an Lebensstilen der Mönche entstanden. Viele wissen nicht, wie sie am besten ihr Mönchsein leben sollen. Da es kein *Mönche für Dummies* zu kaufen gibt, fragen sie einander und vor allem die älteren Mönche um Rat. Das sehen wir zum Beispiel bei dem jungen Mönch Joseph, der den alten Wüstenvater Nisteros fragt, wie er seine Zunge im Zaum halten kann.

Das Austauschen von Erfahrungen in Form von Geschichten und Sprüchen ist in jener Zeit eine wichtige Art der Wissensweitergabe. Außer Joseph gibt es übrigens noch mehr Mönche, die Nisteros um praktischen Rat bitten. So ist eine schöne Geschichte von einem Mönch erhalten geblieben, der Nisteros um Rat in Bezug auf Kleidung bittet:

Ein Mönch, der sah, dass Nisteros zwei Tuniken hatte, fragte ihn: „Wenn nun ein Bettler zu dir kommt und dich um eine Tunika bittet, welche würdest du ihm dann geben?“ Nisteros antwortete: „Die schönste der beiden.“ „Gut“, sagte der Mönch, „aber was tust du, wenn danach noch ein Bettler kommt, der auch um eine Tunika bittet?“ „Dann würde ich meine Tunika in zwei Hälften reißen und dem Bettler eine Hälfte geben. Mit dem anderen Teil würde ich mich selbst bedecken, indem ich ihn um mich wickle. Mit meinem Gürtel wird es mir gewiss gelingen, alles an Ort und Stelle zu halten“, sagte Nisteros ruhig.

> *“Denn ich würde nie, wirklich nie irgendetwas von irgendjemandem erbitten.”*

„Schön und gut“, sagte der Mönch erwartungsvoll, „aber was würdest du tun, wenn danach noch ein Bettler käme, der dich um deinen verbliebenen Lappen Stoff bitten würde? Was würdest du dann tun?“ Daraufhin sprach der alte Mann: „Ich würde ihm den Lappen geben, mich irgendwo ruhig hinsetzen und warten, nackt, bis Gott mir etwas gibt, um mich zu bekleiden. Denn ich würde nie, wirklich nie irgendetwas von irgendjemandem erbitten.“

DIE
FEHLER
EINES
ANDEREN
FALLEN
SCHNELL
AUF,

ABER FÜR
JEMAND
ANDERES
BIST DU DER
ANDERE

332
Moses wird in Nubien geboren

365
wird Mönchsschüler bei Isidor

407
stirbt beim Angriff einer Räuberbande

Die Geschichte

Ein Mönch in der Sketis machte einen schweren Fehler. Der Mönchsrat kam zusammen, um zu beratschlagen, wie sie mit der Situation umgehen sollten. Da Moses ein weiser Mann war, schickten sie den Oberen des Klosters, um zu fragen, ob er kommen wolle. Aber Moses wollte nicht. Sie sagten: „Lasst uns ihm eine noch wichtigere Person schicken." Als danach Isidor ankam, sagte er: „Komm, die Mönche sind zusammengekommen, sie warten auf dich." Da stand Moses auf und ging zu ihnen. Eigenartigerweise trug Moses während der Wanderung einen Korb auf seinem Rücken. Einen alten, kaputten Korb, bis zum Rand mit Sand und Steinen gefüllt. An allen Seiten fiel etwas heraus. Die Mönche, die ihm entgegengelaufen kamen, fragten darum erstaunt: „Moses, was tust du denn da?" Woraufhin er sagte: „Sieh, meine Fehler hinterlassen eine Spur, aber ich selbst sehe das nicht. Und gerade heute bin ich zu euch gekommen, um über den Fehler eines anderen ein Urteil zu fällen." Die Mönche hörten Moses Worte und sagten nichts mehr zu dem Bruder, der den Fehler begangen hatte, und vergaben ihm.

Moses
Gewaltloser Widerstand

„Nicht urteilen" ist ein häufig wiederkehrendes Thema der Mönche. Fast jeder Wüstenmönch hat sich dazu geäußert. „Nicht urteilen" ist für sie wichtig, weil Urteilen eine verheerende Nebenwirkung hat: Es lenkt die Aufmerksamkeit von einem selbst weg. So sagte Moses der Äthiopier einmal: *„Wenn du die Fehler deiner Nachbarn siehst, bist du nicht dabei, auf deine eigenen Fehler zu achten."* Aber warum ist es für die Wüstenväter so wichtig, auf die eigenen Fehler zu achten?

DAS WENN UND ABER DES SICH-VERRENNENS

Wüstenväter spezialisieren sich darauf, die Fehler zu analysieren, die sie machen. Mit der Erkenntnis daraus erstellen sie dann Pläne, um dafür zu sorgen, dass sie nicht noch einmal denselben Fehler machen. Nun können die Fehler, die jemand macht, auf zwei Arten sichtbar werden. Zum einen kann ein Mönch direkt seine eigenen Fehler wahrnehmen. Zum anderen kann er – und das klingt zunächst seltsam – die Fehler eines anderen beobachten und so indirekt seine eigenen Fehler sehen. Diese indirekte Weise des Schauens haben die Wüstenmönche aus der Bibel, in der steht: *„Das Urteil, das du über andere fällst, fällst du über dich selbst, denn die Fehler, die du verurteilst, machst du selbst auch."*

Den Fehltritt des anderen zu sehen bedeutet, selbst dieses Vergehens schuldig zu sein, besagt die Wüstenväterlogik. Darum bevorzugen die Wüstenmönche es, den Blick gleich auf sich selbst zu richten. Einen anderen dazu zu benutzen, um die eigenen Fehler aufzuzeigen, finden sie nicht so schick.

EINFACH NICHT TUN

Wüstenvater Poimen sagte einmal: *„Wer bin ich denn eigentlich, dass ich mir ein Urteil über einen anderen anmaßen könnte? Urteile über niemanden!"*

Und es ist auch riskant. Zu viel auf die Fehler anderer zu schauen, kann zu Verblendung führen: eine Haltung, bei der man nur noch die Fehltritte des anderen sieht, ohne ein Auge für die eigenen zu haben. Dann wird man zu jemandem, der andere ständig kritisiert und denkt, er selbst sei ganz toll. Eine solche Haltung ist natürlich völlig mönchsunwürdig.

> *„Wenn du die Fehler deiner Nachbarn siehst, bist du nicht dabei, auf deine eigenen Fehler zu achten."*

DIE ARROGANZ!

Die Wüstenmönche verbinden „Fehler bei einem anderen sehen" und „urteilen" oft miteinander. Und das ist gar nicht so seltsam, auch wenn es schon einen Unterschied gibt zwischen beidem. Denn über jemanden zu urteilen, fängt oft harmlos an, indem man über den Fehler eines anderen redet: „Hast du das gehört? Der Nachbar ist letztens total böse auf mich geworden." Es scheint sogar noch eine interessante Geschichte zu sein. Aber bevor das Gespräch beendet ist, heißt es dann: „der aufbrausende Nachbar". Und ehe man sich versieht, ist ein Fehler so aufgebauscht, dass der ganze Mensch verurteilt wird.

Ein Wüstenmönch hat gelernt, sich selbst zu fragen: „Weiß ich, was so alles in einem anderen vorgeht? Wer bin ich, dass ich mich selbst als Richter über einen anderen stelle? Weiß ich, was der andere mitgemacht hat? Welche Last trägt jemand mit sich herum? Welche Vergangenheit hat die Person zu dem gemacht, was er oder sie heute ist? Wenn ich die Antworten auf diese Fragen kennen würde, würde ich mich dann anders verhalten? Aber vor allem: Wenn dies etwas ist, was mir beim anderen auffällt, was sagt es dann über mich selbst?"

WIE EIN HUND

Um nicht zu urteilen, kann man sich aus unterschiedlichsten Ecken Inspiration holen. Der Wüstenvater Xantias schaute einmal auf einen Hund und seufzte: „Ein Hund macht es noch besser als ich, denn er liebt sein Herrchen und verurteilt es nicht."

DIE FEHLER EINES ANDEREN FALLEN SCHNELL AUF, ABER FÜR JEMAND ANDERES BIST DU DER ANDERE.

WÜSTENVATER
Moses
332 N.CHR.

Nach Ansicht der Wüstenväter ist es besser, durch das eigene Ringen mit dem Leben zueinander zu finden. Durch Urteilen schafft man einen Abstand zwischen sich und dem anderen. Natürlich kann das Verhalten eines anderen tadelnswert sein. Das wissen die Wüstenmönche auch. Aber die Grundhaltung ist: zueinander zu finden in der Einsicht, dass man selbst nicht besser ist als der andere, wenn es um Fehler geht.

Moses

Mönche haben oft Beinamen, und Moses wird auch „der Schwarze", „der Dunkle", „der Äthiopier" oder „der Starke" genannt. Moses ist in Nubien geboren, und das ist alles, was wir von seiner Kindheit wissen. Für uns beginnt sein Leben, als er der Sklave eines hochangesehenen Ägypters ist. Zu jener Zeit ist Moses ein aufsässiger Mann mit einem temperamentvollen Charakter. Mehrmals wird er bestraft für sein schlechtes Verhalten: Diebstahl, Ungehorsam und die Ermordung eines anderen Sklaven. Also war er kein lieber Kerl. Wegen seines aufsässigen Verhaltens setzt sein Boss Moses schließlich vor die Tür. Daraufhin schließt er sich einer Räuberbande an, deren Anführer er nach einer Weile wird.

NACKTSCHWIMMEN IM NIL

Es ist eine ungewöhnliche Geschichte überliefert, die einen Einblick in den Charakter von Moses, dem Räuberhauptmann, gibt. Sie beginnt in dem Moment, als er sehr wütend ist auf den Hund eines Schäfers. Dieser hatte nämlich gebellt, als er den Schäfer überfallen wollte, wodurch sein Vorhaben misslang. Er nimmt sich also vor, sich dafür am Schäfer zu rächen, der am anderen Ufer des Nils seine Schafe hütet. Moses will ihn einmal kräftig durchprügeln. Ohne Zögern zieht er sich aus, rollt seine Kleider zu einem Turban auf seinem Kopf, steckt seinen Speer hindurch und beginnt, durch den Nil zu schwimmen.

Der Schäfer sieht ihn kommen und rennt los. Um seine Wut ein bisschen abzu-reagieren, fängt Moses schon mal damit an, die ganze Schafsherde abzuschlachten. Die vier stärksten Böcke lässt er als Beute am Leben. Er bindet sie mit den Köpfen aneinander und springt wieder in den Nil, die Böcke hinter sich herziehend. Flugs läuft er dann weiter zur nächstgelegenen Stadt, wo er die Böcke verkauft. Es steht nicht in seiner Lebensbeschreibung, aber Moses wird recht viel Wein davon gekauft und gefeiert haben!

DAS GEHT DICH NICHTS AN!

Der Mönch Dorotheos aus Gaza findet, dass das Urteilen Menschen nicht zusteht, sondern allein Aufgabe Gottes ist:

„... nur Gott kennt die Tiefe unseres Lebens. Er weiß, wie stark wir sind und was uns beeinflusst, was unser Temperament ist und wo unsere individuellen Qualitäten liegen, wie beschränkt unsere Möglichkeiten und was unsere Schwachstellen sind. Darum steht es nur ihm zu, zu rechtfertigen oder zu urteilen."

> *“Um seine Wut ein bisschen abzureagieren, fängt Moses schon mal damit an zu morden.”*

DIE GROSSE UMKEHR

Fünfzehn Jahre lang zieht Moses mit seiner Bande von siebzig Räubern plündernd durch die ägyptischen Wüsten. Da er groß und stark und gewalttätig ist, dauert es nicht lange, bis Moses überall bekannt und berüchtigt ist. Sogar die Ordnungsmächte sind regelmäßig hinter ihm her. Auf der Flucht vor der Obrigkeit landet er irgendwann bei einer Gruppe Mönche, die unter der Leitung von Wüstenvater Makarios dem Großen leben. Ihre Lebensweise beeindruckt ihn sehr. Es dauert dann auch nicht lange, bis Moses selbst Mönch werden möchte. Als Novize geht er bei Isidor in die Lehre, der in der ägyptischen Wüste an der libyschen Grenze wohnt.

WAS SOLL ICH TUN?

Es ist kein leichtes Leben, das Moses als Mönch führt. Und eine ziemlich harte Wende vom Räuber zum Mönch, aber er macht Fortschritte. Davon zeugt die Geschichte von Moses und den vier Räubern, die äußerst irritiert sind. Sie denken, dass er nicht wirklich Mönch geworden ist, sondern nur ein scheinheiliges Theater aufführt. Nachts kommen sie zu ihm, um ihm eine Lektion zu erteilen. Das geht allerdings nicht so einfach, wie sie dachten. Der starke Moses überwältigt die vier Räuber ohne große Mühe und bindet sie mit einem Seil zusammen. Die Bande hinter sich herziehend, geht Moses zur Kirche. Als er beim Priester angekommen ist, bleibt er stehen und sagt: „Früher hätte ich sie ermordet, aber das tue ich heute nicht mehr. Was soll ich jetzt mit ihnen machen?“ Die Räuber sind davon so beeindruckt und überzeugt von einer wirklichen Veränderung in Moses, dass sie ihn um Vergebung bitten und ebenfalls Mönche werden.

WIE DER LEHRER, SO DER SCHÜLER

Moses der Äthiopier war der Schüler von Abbas Isidor. Es ist darum nicht verwunderlich, dass auch er wie sein Meister großen Wert darauf legt, nicht zu urteilen und anderen zu vergeben.

„Poimen sagte von Wüstenvater Isidor, dass dieser jedes Mal, wenn er zu seinen Mitbrüdern in der Kirche sprach, nur eine einzige Sache zu sagen hatte: ‚Vergebt einander, sodass auch euch vergeben wird.‘“

LEBEN IN EINER HÖHLE

Nach ein paar Jahren verlässt Moses Isidor und zieht in eine enge Höhle nahe dem Felsen Petra. Den Tag teilt er in fünfzig Abschnitte ein, und nach jedem liest er aus der Bibel. Zwischendurch arbeitet er hart und flicht Matten und Seile. Er ernährt sich von trockenem Brot und Wasser. So stürzt er sich diszipliniert und voller Hingabe in sein neues Leben.

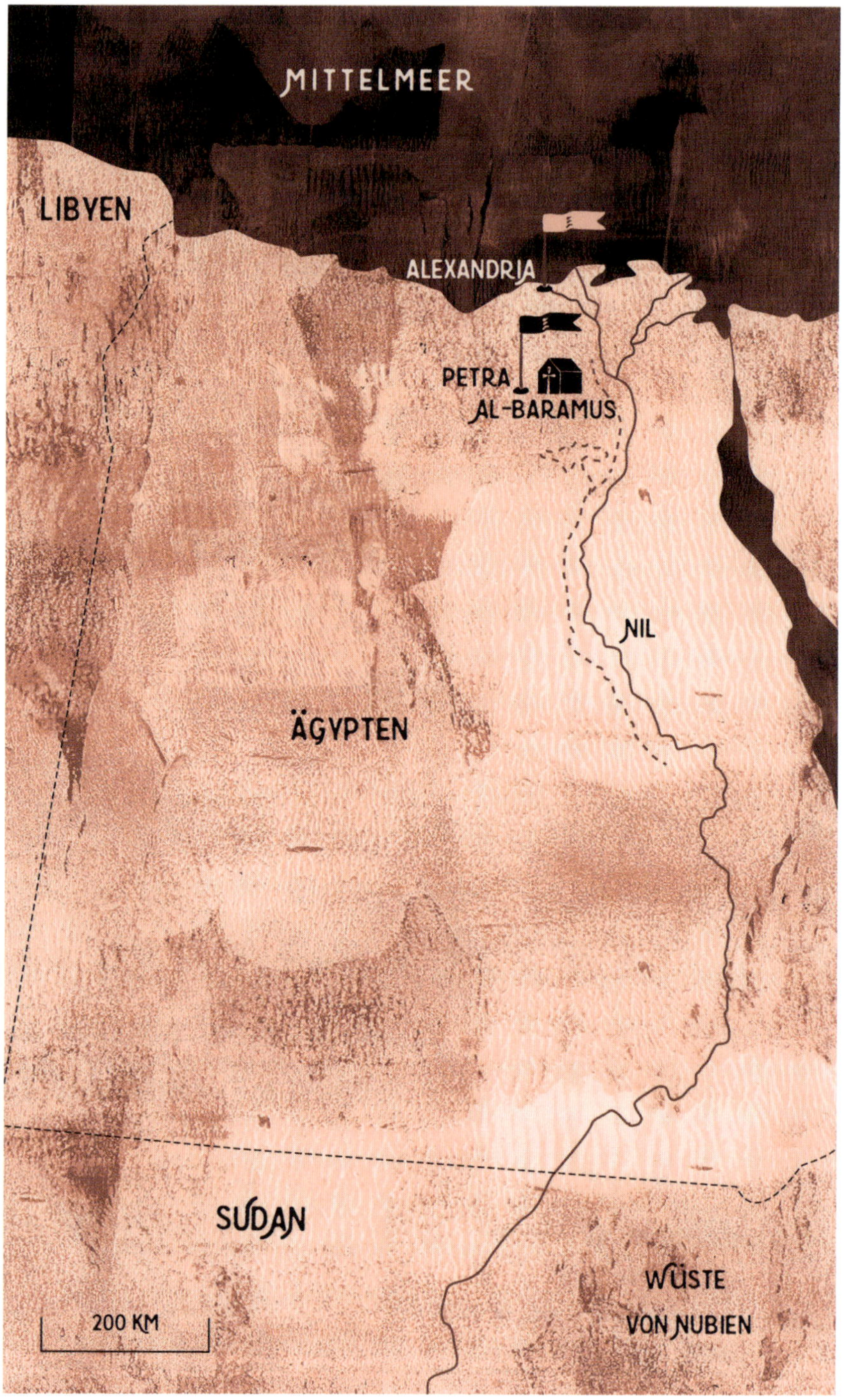

Ort — Kloster — Landesgrenze (2015) — Überschwemmungsgebiet Nildelta

Nubien ist die Geburtsgegend von Moses (heute Südägypten/Nordsudan).

Nahe der **libyschen** Grenze im Norden von Ägypten geht Moses bei Abbas Isidor in die Lehre.

Petra ist der Ort, an dem Moses wohnt und von einer Räuberbande getötet wird.

Kloster **Al-Baramus** ist der Ort, wo Moses jetzt begraben ist.

Jahrelang kämpft Moses gegen seine üblen Leidenschaften, Jähzorn und eine Vorliebe für Alkohol. Um sich auf gute Dinge zu konzentrieren, gönnt er sich wenig Schlaf. Wenn die anderen Mönche schlafen, nutzt er die Nacht, um ihre leeren Wasserkrüge zu füllen. Bis zum Wasser sind es mehr als drei Kilometer, und diesen Weg geht er zig Mal pro Nacht. Jeden Augenblick nutzt er, um sich im Guten zu üben.

DISKRIMINIERT UND AUF DIE PROBE GESTELLT

Trotz verzweifelter Versuche, sein Leben zu ändern, trauen die Mönche ihm nicht, weil er ein so berüchtigter Bandenführer gewesen ist. Zudem wird er wegen seiner dunklen Hautfarbe diskriminiert. Moses bleibt jedoch demütig und erträgt geduldig allen Argwohn und alle Diskriminierung.

> „Vergebt einander, sodass auch euch vergeben wird."

Einmal fragt ein Mitbruder ihn, ob all die diskriminierenden Bemerkungen ihn nicht traurig machten. Moses wehrt sich nämlich nie, wenn er oft abwertend „der Schwarze" genannt wird. Er antwortet daraufhin: „Ich bin sehr betrübt, aber ich weiß nicht, was ich erwidern soll", im Rückgriff auf einen Text aus der Bibel, in dem es heißt: „Du lässt mich meine Augen nicht schließen, vor Unrast finde ich keine Worte." Er entschied sich, zu leben wie sein großes Vorbild Jesus, der gekreuzigt wurde und selbst seinen Feinden nichts Schlechtes wünschte, sondern sagte: „Gott, vergib es ihnen, denn sie wissen nicht, was sie tun."

VOM RÄUBERHAUPTMANN ZUM LEITER VON MÖNCHEN

Moses' Demut als besondere Strategie des Widerstands wird bis weit über die Wüste hinaus bekannt. Als Theophilos, der Bischof von Alexandria, von seinem demütigen Charakter hört, ist er so beeindruckt, dass er Moses zum Priester weiht. Als Priester wird Moses noch bekannter. Er inspiriert immer mehr Menschen, und viele wollen nach seinem Beispiel Mönch werden. Sie ziehen in die Wüste, um sich ihm anzuschließen. Irgendwann ist Moses für mehr als fünfhundert Mönche, verteilt auf mehrere Lebensgemeinschaften, verantwortlich.

MOSES, DEN KENNE ICH NICHT

Ein hochangesehener Mann wollte Moses gerne einmal treffen und von ihm lernen. Aber als Moses das hörte, flüchtete er in den Sumpf. Der Zufall wollte es, dass der Mann, der mit seinem ganzen Gefolge auf dem Weg zu Moses war, sich verirrte. Zwischen den Felsen und dem Sand herumirrend, stießen sie schließlich auf Moses. Der Mann war froh, dass er jemanden gefunden hatte, der ihm helfen konnte, und fragte: „Weißt du vielleicht, wo der heilige Wüstenvater Moses wohnt?" Moses sagte: „Wir wissen es hier besser. Der Mann ist ein Narr und ein Ketzer. Wenn du weiser werden willst, geh besser zu einem anderen Wüstenvater."

Der Mann zog weiter, aber er suchte nicht weiter nach Moses. Stattdessen suchte er andere Wüstenväter auf, die ihn herzlich empfingen. Gestärkt wollte er nach einer Weile wieder nach Hause aufbrechen. Bei seinem Abschied erzählte er, dass er zunächst zu Moses hatte gehen wollen, aber dass ihm sehr davon abgeraten worden war von einem Mönch, dem er begegnet war. Die Wüstenväter waren hierüber sehr erstaunt und fragten, wie der Mönch ausgesehen hatte. „Alt, lang, dünn, eine total verschlissene Mönchskutte und eine dunkle Hautfarbe", sagte der Mann. „Das ist Moses!", riefen die Wüstenväter voll Freude. So erhielt der Mann durch das Verhalten von Moses eine noch größere Lektion in Demut als durch alle Gespräche, die er mit den anderen Mönchen geführt hatte.

BETEN MIT EINEM SPEER IN DER BRUST

Eines unglücklichen Tages hat es eine Bande mordlustiger Räuber auf die Lebensgemeinschaft von Moses dem Äthiopier abgesehen. Zum Glück erreicht ihn rechtzeitig eine Warnung. Schnell schickt er siebzig Novizen an einen sichereren Ort. Er selbst bleibt mit sieben Mönchen zurück, in der Absicht, die Räuber gastfreundlich zu empfangen. Als die Bande einfällt, werden sieben der acht Mönche ermordet. Moses stirbt betend auf seinen Knien, mit einem Speer quer durch die Brust, im Alter von 75 Jahren.

Ein Mönch ist so verängstigt, dass er sich unter einem Stapel Palmblätter und Matten versteckt. Er erzählt, dass er sieben Kronen aus dem Himmel auf die ermordeten Mönche herabkommen sah. Wie außergewöhnlich ist das!

Moses' bemerkenswerte, andere nicht verurteilende Haltung wurde nach seinem Tod von vielen Mönchen in Geschichten aufgezeichnet. Und daher inspiriert Moses' Leben als Vorbild für den Einsatz von und für Gewaltlosigkeit auch jetzt noch viele Menschen. Das Kloster, in dem er begraben wurde, heißt Al-Baramus. Noch immer kommen jeden Tag Besucher auf der Suche nach Inspiration hierher. Vor allem Jugendliche fühlen sich durch sein Leben angesprochen.

LASS DICH NICHT ENTMUTIGEN

Ein Einsiedler wohnte in der Wüste ungefähr achtzehn Kilometer vom nächsten Wasser entfernt, und jedes Mal musste er losziehen, um seinen Krug zu füllen. Einmal unterwegs war er es plötzlich satt und sagte: „Warum mache ich das bloß immer! Ich ziehe näher ans Wasser." Nach diesen Worten drehte er sich um und er sah erstaunt, dass jemand hinter ihm herlief, der seine Fußstapfen im Sand zählte. Er fragte ihn: „Wer bist du?" Der andere gab zur Antwort: „Ich bin ein Engel, von Gott gesandt, um deine Schritte zu zählen, sie sind nämlich viel wert vor Gott." Bei diesen Worten fasste der Einsiedler wieder Mut. Er wurde noch eifriger und vergrößerte den Abstand zwischen seinem Haus und dem Wasser um weitere sechs Kilometer.

KLEINE SCHNIPSEL

EIN MÖNCH SAGTE EINMAL:
IN MEINEM KESSEL STEHT MOOS, WORAUFHIN DER ANDERE MÖNCH SPRACH: DANN HAST DU DIE GASTFREUNDLICHKEIT VERJAGT.

EIN ANONYMER ALTVATER

GUTES ZU TUN IST MEHR ALS DAS BEFOLGEN VON REGELN.

POIMEN VON SKETIS

KUMMER HILFT MANCHMAL WEITER ALS WOHIN FREUDE DICH BRINGEN KANN.

ARSENIOS DER GROSSE

DEMUT DARF MAN NICHT VERWECHSELN MIT SELBSTKRITIK. DEMUT HEISST, JEMANDEN, DER EINEN KRITISIERT, WEITERHIN ZU LIEBEN.

JOHANNES KLIMAKOS

LIEBE IST WIE DIE QUELLE VON FEUER. JE MEHR SIE AUFWALLT, DESTO MEHR LÄSST SIE DEN DURSTIGEN BRENNEN. LIEBE IST EWIGES FORTSCHREITEN.

JOHANNES KLIMAKOS

BEFREIUNG VON GIER IST:
ETWAS EBENSOSEHR NICHT BESITZEN ZU WOLLEN, WIE ES BESITZEN ZU WOLLEN.

DIADOCHOS VON PHOTIKE

SEI IMMER AUFMERKSAM, DENN DAS ELEND BEGINNT IM UNACHTSAMSEIN.

POIMEN VON SKETIS

KOMM NICHT IN DIE NÄHE VON MENSCHEN, DIE IMMER RECHT HABEN WOLLEN.

EIN ANONYMER ALTVATER

WENN JEMAND EINEN FEHLER MACHT, DANN GEH ZU IHM UND SAGE:
AUCH ICH MACHE FEHLER.

BESSARION

JEMAND, DER GELD AN DIE ARMEN VERSCHENKT, WAS EINE GUTE TAT IST, MUSS ES GEBEN, ALS OB ER ES SELBST EMPFINGE.

EIN ANONYMER ALTVATER

VON RATTEN BESCHNUPPERT

Auch sagte ein Altvater: „Böse Gedanken voller Missgunst, Hochmut und Tratsch sind wie Ratten. Wenn man sie eine nach der anderen totschlägt, bevor sie hineinkommen, sind sie kein Problem. Wenn aber so viele hineinkommen, dass sie sich vermehren und es von ihnen wimmelt, kostet es sehr viel Mühe und Anstrengung, sie wieder hinaus zu bekommen."

Lieben heißt,
sich um Menschen

zu sorgen, die
dich verletzen.

400
Diadochos wird geboren

452
Bischof von Photike

471
Entführung nach Karthago

486
gestorben

Zehn Definitionen

1. *Glauben ist:* nachdenken über Gott, ohne zu denken, dass man ihn gänzlich begreift.

2. *Hoffnung ist:* das liebevolle Aus-sich-selbst-Heraustreten des Verstandes in Richtung des Erhofften.

3. *Geduld ist:* mit den Augen der inneren Betrachtung ununterbrochen den Unsichtbaren als wahrhaft sichtbar sehen.

4. *Befreiung von Gier ist:* etwas ebenso sehr nicht besitzen zu wollen, wie es besitzen zu wollen.

5. *Kenntnis ist:* die Aufmerksamkeit auf sich selbst zu verlieren, indem man sich in Freude auf Gott ausrichtet.

6. *Demut ist:* bewusst vergessen, was man zustande gebracht hat.

7. *Befreiung von Zorn ist:* ein großes Verlangen, sich nicht zu ärgern.

8. *Reinheit ist:* das unerschütterliche Bewusstsein von Gottes Nähe.

9. *Liebe ist:* sich um Menschen zu sorgen, die dich verletzen.

10. *Vollkommene Veränderung ist:* Gott so sehr zu lieben, dass man sogar dem schaurigen Tod freudig entgegensieht.

Diadochos
Liebe und Freundschaft

Diadochos schreibt über „Menschen, die einen verletzen". Vier kleine Worte, die eine große Gruppe von Menschen bezeichnen können. Was denkst du über Menschen, die dich beschimpfen, dich benachteiligen, Krieg gegen dich führen, deinen Lieben in die Quere kommen oder dich verärgern? Menschen, die hinter deinem Rücken über dich reden, ein Nachbar, der dich verächtlich anschaut, ein Arbeitgeber, der dich entlässt, oder ein herzloser Politiker. Es sind Menschen, die wir lieber meiden oder bekämpfen. Aber Diadochos sieht noch eine andere Möglichkeit.

ALL YOU NEED IS LOVE

Mit Menschen umzugehen, die einen verletzen, kann laut Diadochos etwas ganz Besonderes sichtbar machen: Liebe! Neben dem Meiden und dem Bekämpfen fühlen die Mönche sich zu einem anderen Weg herausgefordert. Ein Weg, inspiriert durch Jesus, das große Vorbild der Wüstenväter, der einmal zu seinen Jüngern sagte: „Liebet eure Feinde und tut jenen Gutes, die euch hassen."

Ein Wüstenvater wäre kein echter Wüstenvater, wenn er diesen Auftrag nicht wörtlich nehmen würde. Auch wenn ein Gebot, andere zu lieben, quer zu unserem heutigen Sprachgebrauch über Gefühle läuft. Lieben meint übrigens nicht, dass man gut findet, was der Feind tut, oder dass man das Übel kleinredet. Nein, es geht um das Ziehen der Trennlinie zwischen dem, was jemand tut und wer er ist.

Denn auch wenn jemand sich noch so grausam verhält, verdient dennoch jeder Menschenwürde. Schließlich sorgt auch Gott für jeden. Er lässt die Sonne über alle aufgehen, so die Wüstenväter. Darum ist es für die Mönche *core business*, jeden zu lieben, und ist das Wachsen der Liebe zu Menschen, die einen verletzen, eine positive Entwicklung.

LIEBE IST EIN AUFTRAG

Im sechsten Jahrhundert sagt Maximus über die Feindesliebe:

„Warum gibt Jesus dir den Auftrag, deine Feinde zu lieben? Um dich von Hass, Traurigkeit, Wut und Groll zu befreien und dich für den Empfang der höchsten Gabe, der vollkommenen Liebe, würdig zu machen."

GLÜHENDE KOHLEN UND FEURIGE LIEBE

Menschen zu lieben, die einen verletzen, ist ein hohes Mönchsideal. Wusstest du, dass es in der Bibel mit dem „Stapeln von glühenden Kohlen auf dem Haupt des Feindes" verglichen wird? Das klingt seltsam, aber es steckt ein inspirierender Gedanke dahinter.

Das Bild von den glühenden Kohlen zeigt, dass lieben mit gleichgültiger Haltung nicht möglich ist. Aber ebenso wenig geht es hier um eine verletzende, demütigende oder beschämende Wirkung. Das Bild ist für die Wüstenväter positiv: ermutigend und stärkend. So wie glühende Kohlen ein erloschenes Feuer wieder auflodern lassen können, so hofft der Mönch durch selbstlose glühende Liebe das erloschene Gewissen des anderen anzufachen. Auf uns wirkt das vielleicht ein bisschen naiv, aber das ist es für die Mönche nicht. Sie glauben inständig an die Kraft der Liebe, die verändert. Sowohl für sich selbst als auch für jeden anderen.

WIE IST DAS MIT KRIEG?

Was, wenn Menschen in ein Land einfallen und andere ermorden? Wie geht man dann mit diesem hohen Ideal um, seine Feinde zu lieben? Im frühchristlichen Denken war Frieden zu stiften eins der höchsten Ziele, doch ging es dabei nicht einen universell pazifistischen Standpunkt. Obwohl das Ideal ihnen vor Augen stand, blieben diese Gläubigen sich immer der komplexen Wirklichkeit bewusst. Eine nicht-ideale Welt kann manchmal nicht-ideales Handeln erfordern.

Wenn Menschen ermordet und bedroht werden, scheint Gewalt häufig die einzige Möglichkeit zu sein, um weitere Gewalt zu verhindern. Es wird dann ein „kleineres" Übel eingesetzt, um ein „größeres" Übel abzuwenden oder einzudämmen, zum Beispiel, um Menschen zu beschützen, die sich selbst nicht verteidigen können. Es bleibt eine tragische Tatsache, dass dies manchmal notwendig ist. Doch das frühchristliche Denken kennt die Vorstellung nicht, dass ein Krieg gerechtfertigt, sauber oder gut sein könnte.

BEISPIELHAFTE LIEBE

Gregor der Große betont das Beispiel, das Jesus durch seine Feindesliebe vorlebt:

„Die einzigartige und höchste Form des Liebesbeweises ist diese: jemanden zu lieben, der gegen uns ist. Dies ist, warum die Wahrheit, Jesus selbst, die Demütigungen der Kreuzigung ertrug und seine Liebe zu seinen Feinden zeigte, als er sagte: ‚Vater, vergib ihnen, denn sie wissen nicht, was sie tun.'"

SOLDATEN IN DER KIRCHE

Christliche Soldaten können gemäß der alten kirchlichen Regeln einen Segen bekommen, wenn sie in den Kampf ziehen. Wenn sie aber zurückkommen und im Krieg andere ermordet haben, wird ihnen das in gewissem Maß angerechnet. Die offizielle Kirchenregel schreibt vor, dass diese Soldaten dann eine Zeitlang nicht an der Eucharistie teilnehmen dürfen. Das ist eine heftige Maßnahme, denn die Teilnahme an diesem Ritus ist für Christen sehr wichtig. Die Dauer dieser „Auszeit" soll genutzt werden, um dem Gewissen Ruhe zu verschaffen und um sich von dem psychischen und moralischen Schaden zu erholen, den die Soldaten durch das, was sie anderen angetan haben, erlitten haben.

DEN FEIND ZU ERTRAGEN IST ETWAS FÜR ANFÄNGER

Gregor der Große macht deutlich: Er findet, dass man den Feind nicht ertragen, sondern lieben muss!

„Menschen sehen es als eine Tugend an, den Feind zu ertragen, aber Gott sieht die Feindesliebe als eine Tugend an. Denn das einzige Opfer, das Gott annimmt, ist ein Opfer, das glüht durch das Feuer von Barmherzigkeit und Nächstenliebe, das vor seinen Augen brennt auf dem Altar guter Werke."

So lassen die Wüstenmönche und das frühe Christentum das hohe Ideal der Liebe deutlich werden: in der Liebe für ihre Feinde. Die Wüstenmönche machen darüber hinaus ihre selbstlose Liebe im Sterben für ihre Feinde deutlich (lies einmal das Kapitel über Moses den Äthiopier).

> “ *Lieben meint nicht nur eine Emotion, sondern auch die Verantwortung, die einem aufgetragen ist.* ”

Die Kirche hält das hohe Ideal der Liebe in Ehren, indem sie das Töten von Menschen nicht gutheißt, wohl aber der manchmal grausamen Wirklichkeit Rechnung tragen muss. Beides zeigt, Lieben meint nicht nur eine Emotion, sondern auch die Verantwortung, die einem aufgetragen ist: Tu alles, was du für einen anderen tun kannst, ohne Unterschied. Es zeugt von einem großen Glauben an die Liebe, die, wie eigenwillig auch immer, stärker ist als der Tod.

Diadochos

Diadochos lebt zwischen 400 und 487 in der inzwischen untergegangenen Stadt Photike, am griechischen Kanal von Korfu. In der Nähe der Ruinen von Photike wurde später eine neue Stadt gebaut, wahrscheinlich das heutige Paramythia. Zur Zeit von Diadochos ist Photike eine der wichtigsten Städte in der Provinz Epirus.

DIADOCHOS VON PHOTIKE

Im Allgemeinen wird angenommen, dass Diadochos um 452 Bischof von Photike wird. Gegen Ende seines Lebens ziehen die Vandalen, ein ostgermanisches Volk aus Mitteleuropa, plündernd durch Griechenland. Um 470 erreichen sie Photike. Viele Geschichtsschreiber nehmen an, dass Diadochos damals gefangen genommen und per Schiff nach Karthago gebracht wurde.

Die Entführung von Diadochos ist nirgends beschrieben, wohl aber taucht sein Name plötzlich in dieser nordafrikanischen Stadt (ungefähr zehn Kilometer vom heutigen Tunis entfernt) auf. Ein lokaler Schreiber vermeldet, dass „der große Diadochos großes Lob verdient, weil seine vielen Bücher wie helle Sterne den christlichen Glauben erleuchten".

MYSTISCHE ERFAHRUNGEN UND PRAKTISCHE RATSCHLÄGE

Diadochos ist ein Mystiker, also jemand, der Gott persönlich erfahren hat, aber er ist gewiss nicht abgehoben. Trotz seiner besonderen mystischen Erfahrungen wendet er sich in seinen Büchern gerade an die einfachen Menschen. Sein bekanntestes Werk ist *Hundert Kapitel*. In der Einführung finden sich zehn Definitionen christlicher Tugenden, die auch am Beginn dieses Kapitels stehen. Obwohl *Hundert Kapitel* ein theologisches Buch ist, betrachtet Diadochos es selbst nicht als ein theoretisches theologisches Werk. Als großer Anhänger und Kenner der Wüstenliteratur ist Diadochos vor allem praktisch orientiert, ohne allzu viel Spekulation.

> “ *Lieben heißt nicht, dass man alles gutheißt, was der Feind tut.* ”

LIEBEN HEISST, SICH

UM MENSCHEN ZU SORGEN,

DIE DICH VERLETZEN.

WÜSTENVATER
Diadochos
400 N.CHR.

EIN WÜSTENVATER OHNE WÜSTE

Verblüffend ist, dass Diadochos von vielen als Wüstenvater angesehen wird, obwohl nicht bekannt ist, ob er in der Wüste gewohnt hat. Verwunderlich ist es jedoch nicht, denn das Buch *Hundert Kapitel* steckt voller Spiritualität der Wüstenväter und Wüstenväterzitate.

Zurecht kann man Diadochos einen großen Kenner der Wüstenväterliteratur nennen, und darum verdient er auch einen besonderen Platz in diesem Buch.

PAULUS WAS HERE

Die Hauptstadt von Epirus, der Provinz, in der Diadochos wohnt, heißt im ersten nachchristlichen Jahrhundert Nikopolis, ein Name, der auch in der Bibel zu finden ist. Das Christentum hat in der Gegend bereits eine lange Geschichte, als die von Diadochos beginnt. So schreibt der Apostel Paulus um das Jahr 70 n. Chr. in einem Brief an seinen Freund Titus: „Sobald ich Artemas oder Tychikus zu dir geschickt habe, musst du zu mir nach Nikopolis kommen. Ich habe beschlossen, dort den Winter zu verbringen."

Ort ------ Landesgrenze (2015)

Photike ist die Stadt, in der Diadochos Bischof ist.

In **Karthago** wohnt ein Schreiber, der die Bücher von Diadochos erwähnt, weshalb man annimmt, dass Diadochos seine letzten Jahre in Karthago verbracht hat.

EINE GESCHICHTE ÜBER MÖNCHE, DIE STREITEN WOLLTEN

Zwei Wüstenväter wohnten schon sehr lange zusammen in einem kleinen Kellion. Sie ärgerten sich nie übereinander und hatten nie Streit. Darum sagte der eine zum anderen: „Komm, lass uns mal streiten, wie die anderen es tun." Doch der antwortete: „Ich wüsste nicht, wie das geht." Der Erste war jedoch fest entschlossen und sagte: „Ich habe eine Idee. Lass uns einen Stein in die Mitte legen. Ich werde sagen: ‚Das ist meiner!', woraufhin du widersprichst: ‚Nein, der gehört mir.' Darüber können wir dann schön diskutieren, und so kommt es gewiss zum Streit."

Sie legten also einen Stein in die Mitte. Der eine sagte: „Das ist meiner", woraufhin der andere antwortete: „Ich denke, dass es meiner ist." Der Erste sagte daraufhin mit etwas mehr Nachdruck: „Das ist nicht deiner, der Stein gehört mir!" Da antwortete der zweite Mönch: „Nun gut, wenn der Stein wirklich dir gehört, dann nimm ihn ruhig!" Und so gelang den beiden nicht einmal dann zu streiten, als sie es wirklich wollten.

FREUNDSCHAFTSREGELN VON ABBAS JOSEPH AUS THMUIS

1. *Gib der gegenseitigen Liebe die höchste Priorität.*
2. *Schenke dem, was du selbst willst, nicht zu viel Aufmerksamkeit, und denke nicht, dass du etwas besser weißt als der andere.*
3. *Sei davon überzeugt, dass nichts wertvoller ist als Liebe und Friede.*
4. *Lass nicht zu, dass Zorn die Oberhand gewinnt.*
5. *Tu dein Bestes, um die Irritation, die du beim anderen ausgelöst hast, zu beseitigen.*
6. *Lebe, als ob es der letzte Tag sei, denn das rückt alle Ärgernisse und Gereiztheit in ein anderes Licht.*

Gutes
zu tun
ist gut,
es im

VERBORGENEN

zu tun,

IST

BESSER

380
Synkletika wird geboren

462 - 464
stirbt in ihrem Kellion

Ein Zitat

Wenn man eine Schatzkiste voller Kostbarkeiten offen stehen lässt, wird sie schnell leergeraubt. So wird auch jegliche Tugend verloren gehen, wenn sie für jeden sichtbar ist. Denn wenn man eine Kerze nahe ans Feuer stellt, wird sie schmelzen, und wenn die Seele mit Komplimenten überhäuft wird, wird sie weich und schwach. Komplimente sorgen nämlich dafür, dass es immer schwieriger wird, selbstlos Gutes zu tun.

Synkletika
Geheime Missionen

Synkletika regt sich über Tugenden auf: Mut, Mäßigung, Gerechtigkeit, Vorsicht, Glauben, Hoffnung und Barmherzigkeit. An und für sich sind diese Tugenden natürlich nicht schlecht. Das Problem ist nur, wie sie sich zeigen. Wenn sie nämlich bei jemandem allzu sichtbar werden, führt das häufig zu Komplimenten, und das wiederum kann seine Absichten beeinflussen. Eine spannende Frage ist, ob die Tugenden und Taten, die daraus folgen, noch gut sind, wenn die Absichten nicht mehr rein sind.

Für die Wüstenväter und -mütter ist die Absicht hinter dem jeweiligen Verhalten sehr wichtig. Das Ergebnis dessen, was man tut, ist für sie nicht maßgebend. Die Mönche und Nonnen schauen tiefer. Ihrer Ansicht nach muss die Haltung des Herzens rein sein. So wie ein schlechter Baum keine guten Früchte hervorbringen kann, kann ein auf sich selbst gerichtetes Herz nichts Gutes oder Tugendhaftes hervorbringen. Wenn man also etwas tut, das von außen gut aussieht, kann es dennoch schlecht sein, wenn die Absicht dahinter beispielsweise ist, mehr Ansehen zu erlangen.

DIE GEFAHR VON KOMPLIMENTEN

Sobald man mit seinen Tugenden und guten Taten andere beeindruckt, beabsichtigt oder unbeabsichtigt, entsteht laut Synkletika eine Schwierigkeit: Es besteht die Möglichkeit, dass man scheinheilig ist. Dann tut man etwas Gutes für einen anderen, hat aber letztlich selbst auch Vorteile davon – eine schwierige Situation. Einem anderen zu helfen, weil man es toll findet, dafür gelobt zu werden, ist in den Augen der Wüstenväter heuchlerisch. Ein Benefizkonzert, ein Sponsorenlauf, eine öffentliche Schenkung oder ein Wohltätigkeitsdinner ... daran ist nichts Schlechtes, meint Synkletika, aber es ist gefährlich – so wie es für eine Kerze gefährlich ist, nahe am Feuer zu stehen.

Man muss nämlich mit beiden Füßen fest auf dem Boden stehen, damit der Charakter durch Komplimente nicht „weich und schwach" wird! Im Tiefsten sind Tugenden und der Erhalt von Komplimenten laut Synkletika unvereinbar:

„Wie es unmöglich ist, gleichzeitig ein Same und eine Pflanze zu sein, so ist es auch unmöglich, Ruhm und Komplimente zu erhalten und sich im selben Moment in den göttlichen Eigenschaften zu entwickeln: Liebe, Freude, Frieden, Geduld, Freundlichkeit, Güte, Glauben, Sanftmütigkeit und Selbstbeherrschung."

HAT ER ES NUN GUT ODER NICHT GETAN?

Einer meiner Helden in Bezug auf „Gutes tun im Geheimen" ist Nikolaus. Nikolaus wohnt um 300 n. Chr. in Myra (im Südwesten der Türkei, heute heißt die Stadt Demre). Irgendwann hört er von einer armen Familie: ein Vater und drei Töchter. Sie haben so wenig Geld, dass der Vater den Töchtern keine Mitgift zahlen kann. Um wenigstens zwei seiner Töchter eine gute Zukunft zu sichern, spielt der Vater mit dem Gedanken, die dritte als Sklavin zu verkaufen. Mit dem Geld kann er dann zumindest den anderen beiden zu einem guten Mann verhelfen.

Nikolaus hört von diesem Plan und schleicht sich nachts heimlich zu ihrem Haus. Dort wirft er ein Beutelchen mit Gold durchs Fenster, ausreichend für die Mitgift einer Tochter. Später wirft er zwei weitere Beutelchen mit Gold durchs Fenster – jedes Mal reicht es, um einer Tochter die Heirat zu ermöglichen.

Diese Geschichte von Nikolaus ist zurecht eine Legende, denn wir wissen nicht sicher, ob er tatsächlich hinter den guten Taten steckte. So gesehen bleibt es bis auf den heutigen Tag eine geheime gute Tat. Nikolaus' Lieblingstext aus der Bibel spricht jedoch Bände: *„Halte die Barmherzigkeit und die Solidarität untereinander in Ehren, denn das sind Taten, die dich wirklich etwas kosten und die Gott erfreuen."*

Dass Nikolaus für viele Menschen ein inspirierendes Beispiel war, zeigt die Tatsache, dass gegen Ende des ersten Jahrtausends mehr als zweitausend Kirchen nach ihm benannt worden waren. Viele kennen Nikolaus von Myra heute noch als den Nikolaus, der am 6. Dezember heimlich den Kindern die Stiefel mit Süßigkeiten füllt – eine schöne Erinnerung daran, dass er anderen etwas geschenkt hat, ohne dass ihn dabei jemand beobachtete.

Die Wüstenväter finden die Gefahr von Scheinheiligkeit sogar so groß, dass sie sich selbst auf geheime gute Tate verlegen. So bleiben die Tugenden unsichtbar, sie bekommen keine Komplimente und es kann keine Scheinheiligkeit daraus entstehen. Es ist nicht verwunderlich, dass auch hier wieder ein ausgeprägt christliches Motiv dahintersteht. Jesus sagt nämlich einmal: „Passt auf, dass ihr eure guten Taten nicht tut vor den Augen der Menschen, um von ihnen gesehen zu werden, denn dann belohnt Gott im Himmel euch nicht." Die Mönche schätzen die Belohnung durch Gott offensichtlich mehr als die Belohnung durch Menschen.

GEHEIME TATEN ANDERER SIND AUCH UNSICHTBAR

Dass die Mönche jeden ermuntern, gute Taten im Geheimen zu vollbringen, hat auch Konsequenzen für den Blick, den sie auf andere haben. Achte einmal darauf, wie schnell wir über jemanden urteilen, der sich seltsam verhält oder einen kleinen Fehler macht. Wenn dies auch noch öffentlich wird, sind die Sozialen Medien schon bald voller Kommentare. Bedenke dann, sagen die Mönche, dass du nicht alles über den anderen weißt. Die unsichtbaren guten Taten eines Menschen könnten möglicherweise viel wichtiger sein als seine oder ihre sichtbaren Fehler. Mit diesem Gedanken im Hinterkopf heben die Mönche nicht so schnell den Finger, um auf jemanden zu zeigen und ihn zu verurteilen, sondern fühlen sich zu Toleranz und Versöhnlichkeit ermutigt.

GEHEIME GUTE TATEN UND ANDERE MENSCHEN

Abbas Antonios sagte einmal:
„Selbst wenn man beobachtet, dass jemand im Augenblick seines Todes einen schweren Fehler macht, ist es unangebracht, ihn zu verurteilen. Denn wer weiß, wie Gott auf sein Leben schaut? Manche haben für alle sichtbar große Fehler gemacht, aber im Geheimen noch größere Taten vollbracht; so werden Menschen, die andere kritisieren, durch den Rauch ihres eigenen feurigen Urteils geblendet, statt dass ihr Geist durch die Sonne der Kenntnis und Weisheit erleuchtet wird."

Synkletika

Synkletika wird im Jahr 380 in Alexandria, einer großen Stadt in Ägypten, geboren. Sie wächst in einer Familie mit ihren Eltern, zwei Brüdern und einer kleinen Schwester auf. Leider sterben ihre beiden Brüder, als sie noch ein Kind ist. Es wird kein besonderes Ereignis genannt, aber es scheint, dass Synkletika sich schon in sehr jungen Jahren durch Beten und Fasten voller Hingabe auf ein Leben als Nonne vorbereitet. Ihre Eltern sind nicht froh darüber. Sie stellen sich eine andere Zukunft für sie vor. Synkletika ist eine hübsche Frau, und sie möchten, dass sie ganz normal heiratet.

Ihre Tochter will davon aber nichts wissen. Voller Hingabe weiht sie sich ihrem selbst gewählten Ziel: dem Leben als Nonne.

LEBEN IN EINER FAMILIENGRUFT

Als beide Eltern sterben, gibt Synkletika ihr ganzes Erbe den Armen. Es ist ein ansehnliches Vermögen, denn beide Eltern waren sehr reich. Zusammen mit ihrer jüngeren, blinden Schwester zieht Synkletika in das Grabhäuschen einer Familie außerhalb der Stadt. Sie gründen dort eine kleine Lebensgemeinschaft und leben von Brot und Wasser. Sie schlafen auf dem Boden, beten und tun so viele gute Werke wie möglich.

Synkletika war eine charismatische Frau, die viele Zeitgenossinnen inspirierte. So entsteht eine wahre „Stadtjungfrauen"-Bewegung: Viele wollen ihre demütige und liebevolle Lebenshaltung teilen und werden ihre Schülerin. Anfangs ist Synkletika damit nicht einverstanden, aber weil die Frauen sie immer wieder darum bitten, beschließt sie, ihnen doch zu helfen. In ihrer Lebensbeschreibung steht, dass die Schülerinnen ihre Worte als „Honig aus der Honigwabe" erfahren. Liebevoll nennt sie sie „ihre Kinder". Synkletika lehrt sie vieles, und sie spricht vor allem über die Demut: *„Lasst die schönste Tugend, die der Demut, euch alle verbinden."* Dabei wiederholt sie immer wieder: *„Gott wird bei dir sein, und zwar genau deshalb – wegen der Liebe zu Gott und zu unserem Nächsten."*

UNTERRICHTEN UND HAARESCHNEIDEN

Synkletika war außergewöhnlich mutig und eigensinnig, zumal für eine Frau in jener Zeit. So darf eine Frau gemäß den Regeln der Kirche eigentlich nicht unterrichten oder ihre Haare abschneiden

GUTES ZU TUN IST GUT,
ES IM VERBORGENEN
ZU TUN, IST BESSER.

WÜSTENMUTTER
Synkletika
380 - NC

als Zeichen ihrer Mönchsgelübde. Offensichtlich hat Synkletika beides getan. Trotz dieser Widersprüchlichkeit hat die frühchristliche Kirche sie großherzig als inspirierendes Vorbild gesehen und aufgenommen. Ihr Name steht nicht umsonst auf Augenhöhe mit denen der männlichen Mönche in den *Sprüchen der Väter*. Es gibt qualitativ keinen Unterschied zwischen Wüstenvätern und Wüstenmüttern.

EINE MUTTER FÜR IHRE KINDER

Gegen Ende ihres Lebens wird Synkletika sehr krank. Trotz fürchterlicher Schmerzen bleibt sie geduldig und mutig. Sie vertraut darauf, dass Gott ihr helfen wird. Nach dreieinhalb Jahren geht es ihr endlich besser, aber ihre Genesung ist leider nur von kurzer Dauer. Als sie zum zweiten Mal erkrankt, entzündet sich ihr Kiefer. Das hat zur Folge, dass der letzte Abschnitt ihres Lebens erneut sehr schmerzhaft ist. Am Ende ist es so schlimm, dass sie nicht mehr reden kann.

In allem Schmerz und Schrecken hat Synkletika eine Vision: Sie schaut in den Himmel und sieht eine Schar Engel, ein prächtiges Licht und einen Ort, der für sie bestimmt ist. Voller Freude findet sie die Kraft, um ihren Schülerinnen noch eine letzte ermutigende Unterweisung zu geben. Liebevoll spricht Synkletika zu den Frauen in ihrer Gemeinschaft und legt ihnen ans Herz, mutig zu sein und standhaft ihrer Berufung zu folgen.

Drei Tage nach der Vision, im Jahr 464, stirbt Synkletika im Alter von 84 Jahren, nachdem sie 48 Jahre lang in der Wüste in der Familiengruft gewohnt und durch ihre Worte und ihr Leben viele Frauen inspiriert hatte. Sie ist eine inspirierende, mutige und eigenwillige Frau.

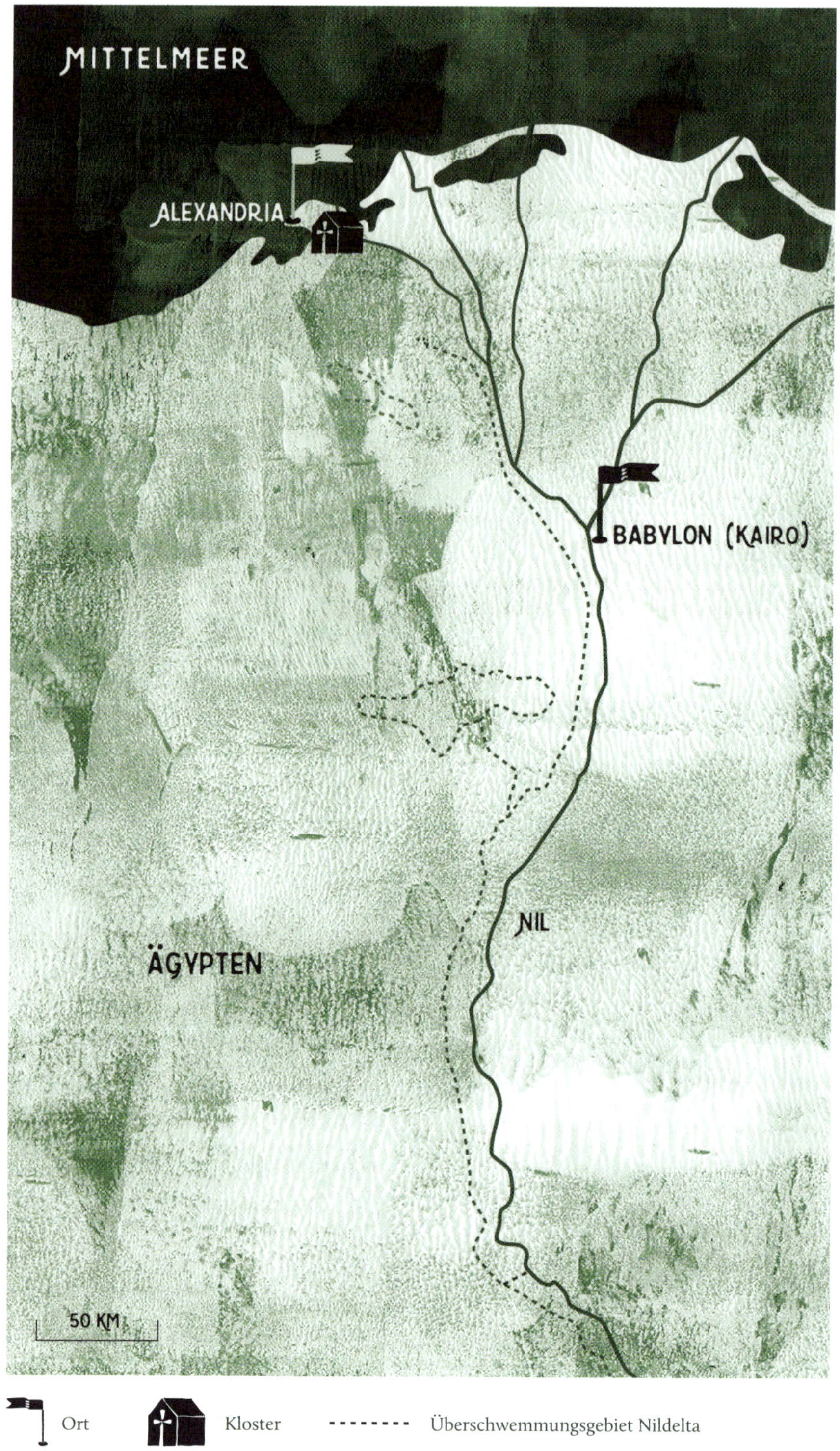

Alexandria ist die Geburtsstadt von Synkletika. Ein Grabhäuschen auf einem Friedhof außerhalb von Alexandria ist das Kloster, in dem Synkletika ihr ganzes Leben lang wohnt.

DREI INSPIRIERENDE FRAUEN AN DREI VERSCHIEDENEN ORTEN

- (Stadt-)Frauenkloster -

Synkletika lebte in einem Frauenkloster, einem Grabhäuschen einer Familie außerhalb der Stadt. Zu ihrer Zeit sind Frauenklöster recht häufig. Das erste Frauenkloster oder „Jungfrauenhaus" war 150 Jahre zuvor gegründet worden. Am Anfang lebte Synkletika alleine mit ihrer kleinen Schwester, aber schon bald kamen immer mehr Frauen hinzu. Ein Frauenkloster war ein sicherer Ort, um als Nonne zu leben. So waren die Einwohner der Stadt in der Nähe, um zum Beispiel vor Räubern sicher zu sein. Und wenn die Türen des Klosters geschlossen waren, herrschten Stille und Einsamkeit, zumal, wenn das Kloster außerhalb der Stadtgrenzen lag.

- Männerkloster -

Theodora ist eine Wüstenmutter, die genau wie Synkletika in den *Sprüchen der Väter* zu Wort kommt. Sie wollte unerkannt leben und nicht in ein Frauenkloster gehen, weil sie nicht wollte, dass ihr Mann wusste, wo sie war. Also verkleidete Theodora sich als Mann und ging in ein Männerkloster. Ihre Lebensgeschichte ist sehr außergewöhnlich. Vor allem, weil sie als Mann – sie nannte sich Theodor – einmal beschuldigt wurde, mit einer Frau, die im Gästehaus übernachtet hatte, ein Kind gezeugt zu haben. Sie wehrte sich nicht gegen die Anschuldigung und erzählte auch niemandem, dass sie eigentlich eine Frau war. Schließlich wurde Theodora aus dem Kloster verbannt. Daraufhin sorgte sie jahrelang liebevoll für das Kind. Nach einer langen Zeit der Buße wurde sie wieder in das Kloster aufgenommen. Erst nach ihrem Tod kam man dahinter, dass Theodora eine Frau war.

- Einsiedelei -

Saras Aussprüche stehen ebenfalls in den *Sprüchen der Väter*. Anfangs lebte sie in einer einsamen kleinen Hütte an einem Fluss, die ziemlich weit von der Stadt entfernt war: ein gefährlicher Ort, um als Frau alleine zu wohnen. Dort lebte sie als Nonne, aber zunächst, ohne offiziell geweiht worden zu sein. Als Sara schließlich die Gelübde abgelegt hatte, zog sie in eine sehr schwer zugängliche Grotte in einer steilen Bergwand. Es gab nur einen schmalen Weg, der dorthin führte, und schon ein einziger Fehltritt konnte bedeuten, dass sie in die Tiefe stürzte. In dieser Grotte lebte Sara die letzten sieben Jahre ihres Lebens: einsam und im Gebet für die Welt, bis sie im Alter von achtzig Jahren starb.

UNGEAHNTE MOTIVATION

Es war einmal ein reicher Bauer, der seine Söhne die Landarbeit lehren wollte. Er sprach zu ihnen: „Wisst ihr, wie ich so reich geworden bin? Wenn ihr auf mich hört, werdet auch ihr reich werden." Und sie baten ihn: „Erzähl es uns!" Dann dachte er sich etwas Schlaues aus, um dafür zu sorgen, dass sie genauso hart arbeiten würden wie er.

Er sprach zu ihnen: „Es gibt einen besonderen Tag im Jahr, und wenn man an diesem arbeitet, wird man reich. Aber ich bin alt und vergesslich geworden und weiß nicht mehr, welcher Tag es war. Lasst darum keinen Tag aus, sonst kann es sein, dass jener gesegnete Tag vorübergeht, ohne dass ihr gearbeitet habt, und dann habt ihr das ganze Jahr umsonst geschuftet."

So ist es auch für uns. Erst wenn wir jeden Tag voller Elan und mit ganzem Einsatz arbeiten, finden wir den Weg zum Leben.

MAN KANN SICH SELBST NICHT MEIDEN

Ein Bruder lebte zurückgezogen in einer Mönchsgemeinschaft, denn er ärgerte sich schnell über die anderen Mönche. Darum sagte er zu sich selbst: „Ich gehe weg und lebe alleine in einem Kellion. Dann habe ich mit niemandem jemals mehr etwas zu tun und ärgere mich auch nicht mehr so sehr.“ Er ging also weg und zog ganz allein in eine Grotte.

Eines Tages stellte er einen Krug voll Wasser auf den Boden, doch er fiel plötzlich um. Er nahm den Krug und füllte ihn erneut mit Wasser, aber wieder fiel er um. Zum dritten Mal füllte er den Krug mit Wasser und er fiel auch ein drittes Mal um. Wütend nahm er den Krug und zerschmetterte ihn aus lauter Frust.

Als er sich etwas beruhigt hatte, verstand er, dass er sich selbst zum Narren gehalten hatte, und sagte: „Siehe, nun bin ich ein Einsiedler, ganz alleine, und noch immer habe ich mich nicht im Griff. Darum gehe ich wieder zurück zur Gemeinschaft. Denn nirgendwo kann ich ohne Kampf, Geduld und Gottes Hilfe zurechtkommen.“ Also stand er auf und kehrte ins Kloster zurück.

Das Rich
Regeln

RIKT AN DIE
halten

340
Poimen wird geboren

407
zusammen mit einer Gruppe Mönche zieht Poimen in einen verlassenen heidnischen Tempel in Terenutis

450
gestorben

Die Geschichte

Poimen wurde einmal von einigen Mönchen besucht. Sie fragten: „Wie Ihr wisst, ist es die Aufgabe jedes Mönchs, die Gottesdienste andächtig mitzufeiern. Wenn wir aber nun sehen, dass einer der Brüder während des Gottesdienstes einschläft, ist es dann gut, ihn zu wecken, sodass er seine Pflicht erfüllen kann?" Poimen antwortete: „Ich werde euch sagen, was ich immer tue. Wenn ich sehe, dass ein Bruder einschläft, lasse ich seinen Kopf einfach an meine Schulter sinken und ihn ausruhen."

Poimen
Das Richtige tun

Menschen, die von einem bestimmten Thema begeistert sind, haben manchmal die Neigung, fundamentalistisch zu werden. Regeln, die sie sich selbst auferlegen, scheinen aufgrund ihrer Leidenschaftlichkeit auf einmal für alle zu gelten. Es ist eine Art Begeisterung, die nicht ansteckend wirkt und oft ein unangenehmes Gefühl auslöst: das Gefühl, dass der andere findet, man müsse anders sein.

ERSTICKENDE BEGEISTERUNG

Apropos Begeisterung, vielleicht kennst du jemanden, der voller Leidenschaft eine Diät macht. Das ist ja an sich auch nicht falsch. Aber in Gesprächen ist der andere dann so begeistert davon, dass du dich schuldig fühlst, wenn du einen Keks isst. Und er dich dann mit wirklich guten Absichten fragt: „Wäre so eine Diät nichts für dich? Denn was du da gerade isst, ist wirklich nicht gut für dich!" Oder nimm einen Freund, der ganz begeistert ist von seinem neuen Handy. Nach einer Lobrede von zehn Minuten hast du plötzlich das Gefühl, dass dein Telefon wirklich nicht mehr geht. Seine beiläufige Bemerkung: „Wenn dein Vertrag ausläuft, dann kriegst du doch sicher auch ein richtiges gutes Telefon. Deins ist echt ganz schön überholt!" fühlt sich an wie eine Zurückweisung.

Wüstenväter kennen ebenfalls Begeisterung und Dynamik. Sie fühlen sich angespornt, ihr Leben auf Gott auszurichten, und befolgen darum strenge Regeln. Regeln, die nötig sind, um Selbstdisziplin zu entwickeln und Fortschritte zu machen im geistlichen Leben, nach dem biblischen Motto: „Strenge dich ständig an für ein Leben mit Gott, und tu das in großer Ehrfurcht vor Gott."

DIE FREIHEIT VON DEN REGELN

Das Befolgen von Regeln erfahren die Wüstenväter selbst nicht als Gefängnis. Im Gegenteil, für sie bedeuten die Regeln Freiheit – die Freiheit, um ihr Leben auf ein bestimmtes Ziel hin auszurichten. So wie ein Athlet sich dafür entscheidet, den Trainingsplan des Trainers einzuhalten und sich selbst zu beschränken in dem, was er isst und trinkt, so leben auch die Wüstenmönche. Ein Athlet will so schnell wie möglich ans Ziel gelangen und ist bereit, alles dafür zu tun; der Mönch will nichts lieber als nahe bei Gott zu leben, und die Regeln für das Leben als Mönch helfen dabei.

SERIOUS BUSINESS

Wüstenvater Antonios der Große sieht schwerwiegende negative Folgen, wenn über das Übertreten von Regeln schlecht geredet wird:

„Wenn wir über das Übertreten von Regeln durch unseren Nächsten schlecht reden, dann verhalten wir uns Gott gegenüber schlecht. Wenn wir aber das Herz unseres Nächsten gewinnen, ist Gott bei uns."

> *„Wenn manche während des Gottesdienstes einschlafen, brauchen sie wahrscheinlich dringend ihren Schlaf."*

GEGEN DEN STROM

Menschliche Freiheit ist für die Wüstenväter etwas von Gott Gegebenes. Aber diese Freiheit ist gefährdet, wenn jemand einen anderen einfach so auf mögliche Übertretungen hinweist. Es geht hier natürlich nicht um Verstöße gegen Verkehrsregeln wie das Fahren über eine rote Ampel, sondern um die Regeln, die hilfreich sind, um uns in einem persönlichen Prozess zum Guten zu verändern. In der Geschichte von Poimen fragen die Besucher ihn, ob es gut sei, den anderen auf die Regel hinzuweisen, wenn er dabei ist, dagegen zu verstoßen. Für Poimen kann es einem Menschen die Freiheit nehmen, wenn Regeln rein äußerlich auferlegt und kontrolliert werden. Er will dem Ersticken vorbeugen und ist deshalb lieber vorsichtig. Daher reagiert er oft anders als gedacht, manchmal sogar, indem er selbst gegen die Regeln verstößt. Denn Freiheit lässt man und kann man niemandem auferlegen.

STARK SEIN FÜR DIE SCHWACHEN

Es ist sehr wahrscheinlich, dass zu der Gemeinschaft von Poimen auch Kinder gehörten. Das kam in jener Zeit häufiger vor. Vielleicht waren sie es, denen es so schwerfiel, während der nächtlichen Gebetszeiten wachzubleiben. Wie auch immer, Poimen ist in dieser Hinsicht eindeutig, er entscheidet sich für die Schwachen: die Jüngsten, die Müden und die Kranken.

„Wir müssen als die Starken die Schwäche derer tragen, die schwach sind, und dürfen nicht für uns selbst leben. Jeder von uns soll dem Nächsten zu Gefallen leben, zum Guten und zur Auferbauung", weiß Poimen aus der Bibel, und tritt aus dieser Haltung für die Schwachen ein. Wenn also manche während des Gottesdienstes einschlafen, brauchen sie wahrscheinlich dringend ihren Schlaf.

DER ERHOBENE ZEIGFINGER UND DIE HELFENDE HAND

Ist dir aufgefallen, wie schön Poimen die Frage der Mönche beantwortet? Er stellt keine neue Regel auf und sagt auch nicht, dass die Regel nicht gut sei, sondern sagt einfach: „Ich werde euch sagen, was ich immer tue." So inspiriert man andere. Nicht durch strenges Einhalten der Regeln, sondern indem man das Richtige vorlebt. Er spornt dazu an, den erhobenen Zeigefinger in eine helfende Hand zu verwandeln. So ist Poimen. Es ist daher nicht erstaunlich, dass auch der folgende in den *Sprüchen der Väter* aufgezeichnete Spruch aus seinem Mund stammt: *„Sei ein Beispiel, kein Richter."*

ICH TUE NICHT DAS RICHTIGE

Manchmal bedeutet das Richtige zu tun gerade, ehrlich zuzugeben, dass man es selbst auch nicht richtig macht. Lies mal die folgende Geschichte von Abbas Bessarion.

Ein Mönch hatte einen schweren Fehler begangen wurde von einem Priester aus der Kirche geschickt. Als Wüstenvater Bessarion das sah, stand er sofort auf und verließ ebenfalls die Kirche. Er ging zu ihm und sagte: „Weißt du, ich tue auch immer wieder dumme und falsche Dinge und verstoße gegen viele Regeln."

Poimen

Gegen 407 zieht eine Gruppe barbarischer Krieger plündernd durch die Wüste westlich des Nils. Sie verschonen nichts und niemanden und zerstören die Mönchsgemeinschaft in der Sketis vollständig. Viele flüchten. So auch sieben Mönche unter der Führung der Wüstenväter und Brüder Poimen und Anoub. Aus der Sketis fliehen sie in die Stadt Terenutis. Dort ziehen sie in einen verlassenen heidnischen Tempel ein und es entsteht eine neue Gemeinschaft.

DER ANFANG DER SPRÜCHE DER VÄTER

Im Tempel von Terenutis beginnen die Mönche mit dem Sammeln von *Wüstenvätersprüchen*. Viele dieser Sprüche finden sich im vorliegenden Buch wieder. Man kann also sagen, dass Poimen sozusagen an der Wiege dieses Buches steht. Von Poimen selbst sind mehr als 187 Geschichten und Sprüche erhalten geblieben, mehr als von irgendeinem anderen Wüstenvater. Achtzehn seiner Sprüche handeln ausdrücklich von Toleranz und Erbarmen, vor allem gegenüber Menschen, die Fehler begangen haben. Das macht ihn einzigartig unter den Wüstenvätern, bei denen meistens Strenge und Askese im Zentrum ihrer Botschaft stehen.

DER HIRTE SORGT FÜR SEINE SCHAFE

Das Wort „Poimen" bedeutet „Hirte". Dieser Name passt gut zu dem „hütenden" Ton der Sprüche, die von diesem Mönch überliefert worden sind. Poimen hat einen milden Charakter mit Blick für die menschliche Schwäche. Seine Ratschläge zeigen großes Mitgefühl, und das versucht er auch, seine Mitbrüder zu lehren:

„Wenn du in diesem Leben und im Jenseits Ruhe finden willst, dann frage dich selbst jeden Augenblick: ‚Wer bin ich?' und verurteile niemanden."

Er lehrt seine Schüler, ehrlich auf sich selbst zu schauen und sich nicht mit anderen zu vergleichen. So ist von Poimen bekannt, dass er nichts sagte, als ein Mitbruder eine Geliebte hatte. Und als sie schließlich schwanger wurde und ein Kind gebar, sandte er ihr sogar ein Fläschchen Wein, um ihr zur Geburt des gesunden Kindes zu gratulieren.

> *“Frage dich jeden Augenblick: ‚Wer bin ich?' und verurteile niemanden.”*

ALTE WEISHEITEN IN JUNGE KÖPFE

In den *Sprüchen der Väter* wird Poimen nicht nur als sanftmütiger geistiger Führer, sondern auch als inspi-

DAS RICHTIGE ZU TUN BEDEUTET MEHR, ALS SICH STRIKT AN DIE REGELN ZU HALTEN.

WÜSTENVATER
Poimen
390 N. CHR.

rierender Lehrer und intelligenter Bibelausleger mit einem wahnsinnigen Gedächtnis vorgestellt. Er zitiert viele Sprüche von mehr als dreiundzwanzig Mönchen und andere bekannte Wüstenväter wie Antonios den Großen, Ammonas, Makarios von Ägypten, Pambo, Sisoes, Johannes Klimakos und Moses den Äthiopier. Dies tut er aus einem bestimmten Grund. Poimen ist nämlich ein großer Befürworter, die weisen Lektionen der Älteren weiterzugeben. Sein alter Lehrmeister Makarios hatte ihn schließlich gelehrt:

„Hör nicht auf, die alten weisen Mönche zu besuchen. Denn es wird ein Tag kommen, wenn du Gott dienen willst, dass du durch die Weisheiten dieser Älteren den Sieg erringen wirst. Wenn also dein Kopf voll ist von allerlei Gedanken und du kannst keine Ruhe finden, richte deine Gedanken auf ihre Ermahnungen. Sie werden dir eine Hilfe sein, sie werden deine Rettung sein."

Poimen stirbt im Jahr 450 im Alter von 110 Jahren. Das ist außergewöhnlich, denn weil der Lebensstil der Wüstenmönche extrem und von Fasten, wenig Schlaf und dem rauen Wüstenklima geprägt ist, werden wenige so alt. Nach seinem Tod hat Poimen weiterhin Menschen inspiriert, und das tut er auch heute noch. Ein altes Lied über diesen Mönch, das in manchen Klöstern immer noch gesungen wird, formuliert es so:

„Durch die Ströme deiner Tränen hast du dürre Wüste zum Leben erweckt. Durch dein Seufzen über deine Sorgen hat deine Arbeit hundertfach Frucht gebracht. Gottes Wunder durch dich sind ein Licht, das die Welt bescheint."

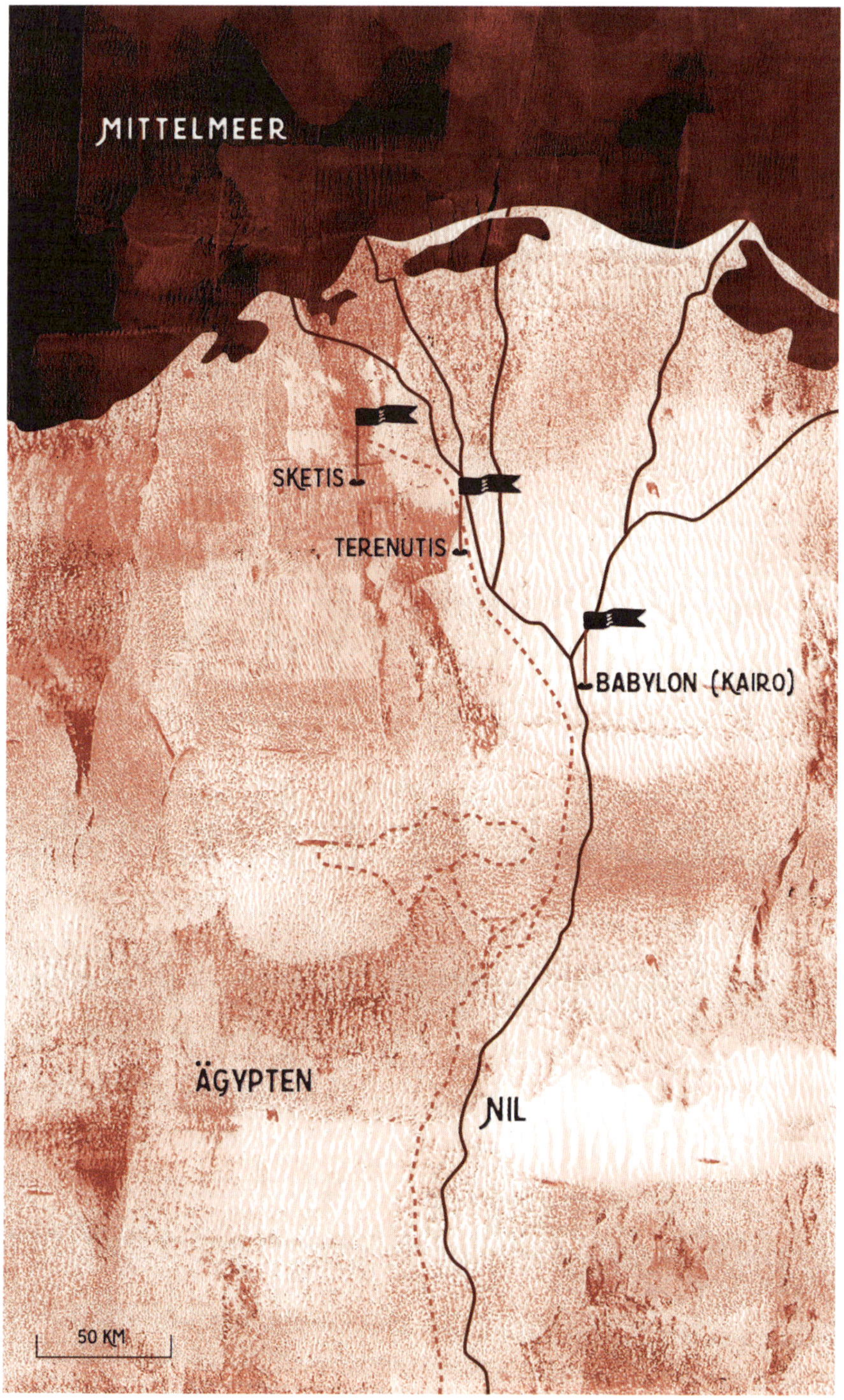

Ort -------- Überschwemmungsgebiet Nildelta

i Die **Sketis** ist der Ort, an dem Poimen wohnt, bis er vor plündernden Räubern flüchtet.

In **Terenutis** steht der verlassene heidnische Tempel, in dem Poimen nach seiner Flucht aus der Sketis unterkommt.

STEINE WERFEN

Im verlassenen heidnischen Tempel von Terenutis stand eine Statue aus Stein, die früher angebetet wurde. Als die geflüchteten Mönche unter der Führung von Anoub und Poimen im Tempel eingezogen waren, gab ihnen Anoub ein kraftvolles Beispiel für anschaulichen Unterricht.

Nun gab es im Tempel eine Statue aus Stein. Und jedes Mal, wenn Anoub morgens aufwachte, warf er Steine ins Gesicht der Statue. Abends ging er wieder hin, um anschließend zu sagen: „Vergib mir." Das tat er tagein, tagaus. Nach einer Woche beschlossen die Mönche, Anoub hierauf anzusprechen. Poimen fragte ihn: „Ich beobachte dich nun schon die ganze Woche, wie du Steine auf das Gesicht der Statue wirfst und dann niederkniest, um sie um Vergebung zu bitten, ist das normal? Sollten auch wir uns so verhalten?"

Da sagte der alte Anoub: „Ich tat das alles für euch. Sagt mir: Als die Statue die Steine ins Gesicht bekam, wurde sie da wütend?" Poimen antwortete: „Nein." „Und hast du aufgepasst, als ich niederkniete, um sie um Vergebung zu bitten? War sie gerührt durch meine Entschuldigungen? Oder sagte sie: ‚Ich werde dir nicht vergeben?'", fragte Anoub. Abbas Poimen antwortete wieder: „Nein."

Der alte Mann setzte seine Unterweisung fort: „Wie du weißt, sind wir hier mit sieben Mönchen. Wenn es dein Wunsch ist, hier miteinander zu leben, müssen wir sein wie diese Statue, die es kaltlässt, wenn sie mit Steinen beworfen oder um Vergebung gebeten wird. Wenn wir uns aber entscheiden, nicht hierzubleiben, dann sind dort die vier Türen des Tempels, lasst uns dann auseinandergehen, ein jeder, wohin er will."

Die sechs Mönche verneigten sich daraufhin tief vor Anoub und sagten: „Wir werden tun, was weise ist, Abbas Anoub, und hierbleiben und auf deine weisen Worte hören." Poimen fügte hinzu: „Lasst uns tatsächlich hier zusammen leben, bis unsere Zeit gekommen ist, und lasst uns nach den Worten leben, die der alte Mann uns soeben gegeben hat."

dem

332
Gregor wird in Cäsarea geboren

362
bricht sein Rhetorikstudium ab und zieht ins Kloster des Basilios

372
Bischof von Nyssa

375
abgesetzt als Bischof von Nyssa infolge falscher Beschuldigungen

378
erneut Bischof von Nyssa

395
gestorben

Ein Zitat

In dir liegt die Möglichkeit, Gott zu sehen, denn der, der dich gemacht hat, hat eine unermessliche Kraft in dich hineingelegt. Als Gott dich erschuf, ließ er das Abbild seiner Vollkommenheit in dir zurück, wie den Abdruck eines Siegels, der im Wachs zurückbleibt.

Gregor
Verborgene Vollkommenheit

Die Wüstenväter sind fest davon überzeugt: Jeder Mensch ist mit unermesslicher Kraft ausgestattet und trägt das Abbild der göttlichen Vollkommenheit in sich. Diese glänzende Schönheit hat Gott selbst in jeden Menschen hineingelegt. Niemand kann ihm das nehmen. Diese Überzeugung bildet die Basis des Menschenbildes der Wüstenväter, inspiriert durch das erste Kapitel im Alten Testament. Dort kann man lesen, dass Gott den Menschen „sehr gut" machte, nach seinem „Bild und Gleichnis".

VERBORGENE SCHÖNHEIT

Das klingt wunderschön: göttliche Kraft und Vollkommenheit in jedem Menschen. Aber wenn man sich umschaut, sieht die Praxis meist anders aus. Menschen sind nicht immer stark und perfekt. Wie erklären die Mönche diese Differenz? Gregor meint dazu:

Der Mensch, so gut und wertvoll gemacht, verlor die Güte, mit der er erschaffen wurde. Er war wie jemand, der ausgerutscht und mit seinem Gesicht in den Schlamm gefallen war, wodurch sein Gesicht so schmutzig wurde, dass sogar seine eigene Familie ihn nicht mehr erkannte. So ist es auch mit dem Menschen, in den Schlamm seiner Fehler gefallen, wodurch die Ähnlichkeit mit Gott verlorengegangen ist. So wurde der Mensch durch seine Fehler ein Ebenbild aus Ton und Sterblichkeit; und dies ist das Bild, das wir mit allem Ernst empfehlen, es durch das reinigende Wasser des christlichen Lebens reinzuwaschen. Denn sobald die tönerne Hülle entfernt ist, wird die Seele erneut strahlen können.

Wenn man das Gute und Wertvolle im Leben eines Menschen nicht sehen kann, bedeutet das nicht, dass es nicht da wäre. Es ist nur nicht sichtbar. Laut Gregor kommt dies daher, weil unser Wille oft auf uns selbst gerichtet ist. Dann wird das Gute und Wertvolle in uns unter Herzlosigkeit und Egoismus begraben. Dabei haben auch Unachtsamkeit und Faulheit keine positive Wirkung. Sie beschmutzen das Strahlende im Menschen und machen es matt und unkenntlich.

> *„Wenn man das Gute und Wertvolle im Leben eines Menschen nicht sehen kann, bedeutet das nicht, dass es nicht da wäre."*

MIT DER SEELE DURCH DIE WASCHSTRASSE

Gregor ist voller Hoffnung. Denn das Wertvolle, das Gott in jeden Menschen hineinlegt hat, ist trotz falscher Entscheidungen immer vorhanden. Ein Diamant im Schlammloch bleibt ja schließlich auch immer ein Diamant. Darum ruft Gregor zu einer „Großreinigung" auf, zu einem „göttlichen Waschprogramm". Wasch dich selbst rein durch das christliche Leben, sagt er. Versuche, mit Gottes Hilfe liebevoll und gut zu leben. Dies ist ein besonderer Prozess, den die Wüstenmönche „Vergöttlichung" nennen. Sie haben ein deutliches Ziel vor Augen. Das erklärt, warum sie sich so extrem dem reinigenden Leben in der Wüste widmen. Wie heftig würdest du einen dreckigen Kiesel schrubben, wenn du wüsstest, dass ein Diamant darunter verborgen ist?

SCHRUBBEN UND WASCHEN

Das harte Wüstenleben und die strengen Regeln der Mönche mögen es zunächst so aussehen lassen, als ob die Wüstenväter in ihrer Suche nach Vollkommenheit sich selbst in den Mittelpunkt stellen. Aber das ist gewiss nicht der Fall. Es geht um die Suche nach Gott. Ich las einmal ein Buch über Wüstenväter mit dem Titel *Der Himmel beginnt in dir*. Das macht deutlich, auf welche Weise die Mönche suchen: Sie starren nicht mit verschwommenem Blick nach oben, sondern kehren ihn nach innen, weil Gottes Schönheit im Menschen zu finden ist. Sie stehen mit beiden Füßen sicher auf dem Wüstenboden und arbeiten hart, um den Dreck des Egoismus und ihrer Fehler von sich abzuwaschen. Das Schrubben und Waschen steht als Symbol für das knallharte Charaktertraining, dem sie sich unterziehen, mit dem Ziel, Gott zu finden und so ein liebevollerer Mensch zu werden.

Gregor

Gregor von Nyssa ist ein vielseitiger Mann: Bischof, Philosoph, Mystiker, Redner und Theologe. Geboren in Kappadokien, wächst er in einer Familie mit nicht weniger als zehn Kindern auf, fünf Jungen und fünf Mädchen. Leider stirbt sein Vater, als er noch sehr jung ist. Aber zum Glück kümmern sich Gregors Mutter Emmelia und seine Großmutter Makrina um seine Erziehung. Weil Gregor recht kränklich und schüchtern ist, bleibt er lange Zeit ans Haus gebunden. Wie sein Vater vertieft er sich in die Philosophie und Rhetorik. Ohne feste Arbeit und von der Fürsorge anderer abhängig, füllt er seine Tage mit Studieren.

DIE WÜSTENVÄTER KOMMEN ZU DIR

Während Gregor zu Hause studiert, geht sein älterer Bruder Basilios auf eine Rundreise durch Ägypten. Dort sammelt er Informationen über Mönchsregeln, um in seiner Heimatstadt ein Kloster zu gründen. Nach seiner Rückkehr tut er genau das. Aus den hunderten Seiten mit Aufzeichnungen, die er gesammelt hat, stellt er seine eigene Regel des Basilios zusammen, basierend auf der Weisheit der Wüstenväter. Als Gregor eine Vision hat und auch Mönch werden will, zieht er in das Kloster seines Bruders. So gehören Gregor und Basilios zu den Ersten, die im Westen nach den Regeln der ägyptischen Wüstenväter leben. Im Kloster seines Bruders widmet Gregor sich dem Schreiben und dem Studium der Bibel und anderer christlicher Bücher. Mit ungefähr vierzig wird Gregor von Basilios zum Bischof der Stadt Nyssa geweiht, wir schreiben das Jahr 370. Gregor hat es als Bischof nicht leicht. Wiederholt versuchen seine Gegner, ihn seines Amtes zu entheben, und zu Unrecht wird er eine Zeitlang verbannt. Als Basilios im Jahr 379 stirbt, beginnt Gregor sich öffentlich für den christlichen Glauben einzusetzen, vor allem durch seine theologischen Bücher und Traktate. Viele seiner Bücher werden auch heute noch gelesen und haben immer noch eine nachhaltige Wirkung auf die Leser.

DER STERN VON NYSSA

Der schüchterne und zurückhaltende Gregor wird zu einer Schlüsselfigur in der Kirche. Ihm zuerkannte Titel wie „Vater der Väter“ und „Stern von Nyssa“ zeigen, wie sehr Christen seinen Einsatz schätzen. Sein Leben zeugt auf besondere Weise von der „unermesslichen Kraft“, über die er schreibt. Und er wusste es sicher: Diese unermessliche Kraft und göttliche Vollkommenheit sind in jedem Menschen zu finden.

Ort — Kloster — ------ Landesgrenze (2015)

In **Cäsarea**, in der Region Kappadokien wird Gregor geboren.

Das Kloster von Basilios, in dem Gregor eine Zeitlang lebt, befindet sich in **Annesis**.

Nyssa ist die Stadt, in der Gregor Bischof wird.

Als Gregor als Bischof abgesetzt wird, wohnt er in **Seleukia**.

GÖTTLICHE VOLLKOMMENHEIT LIEGT IN JEDEM MENSCHEN VERBORGEN.

WÜSTENVATER
Gregor N
540 NC

KATHARINENKLOSTER

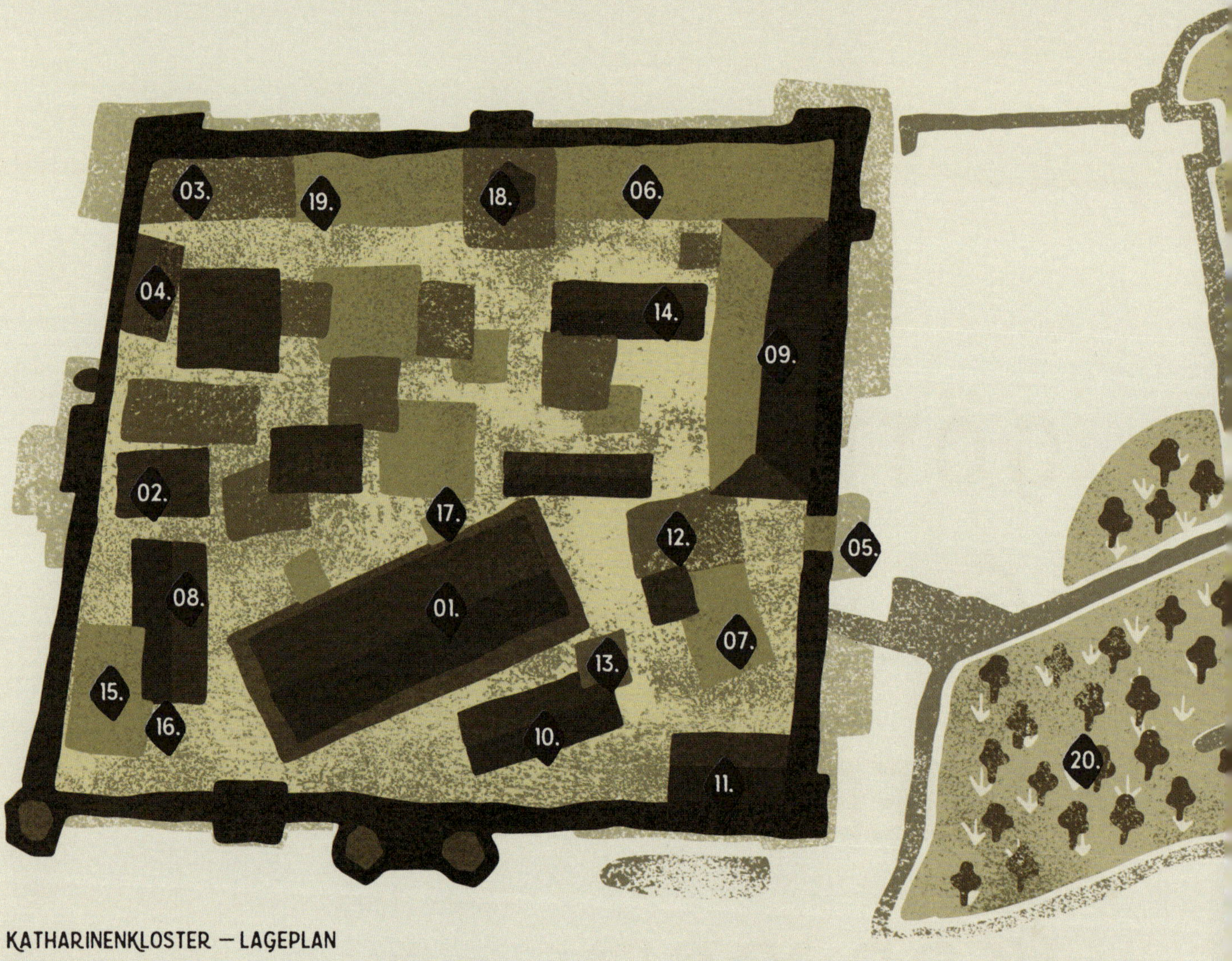

KATHARINENKLOSTER – LAGEPLAN

01. SYNAXIS – KIRCHENRAUM – ST. KATHARINAKIRCHE
02. REFEKTORIUM – SPEISESAAL
03. BIBLIOTHEK
04. SCHLAFSAAL
05. EINGANG
06. KRANKENABTEILUNG
07. OLIVENPRESSE
08. MÖNCHSZELLEN
09. GÄSTEHAUS
10. WOHN- UND EMPFANGSRÄUME MÖNCHE
11. ARBEITSRÄUME
12. MOSCHEE
13. GLOCKENTURM
14. ARCHIVE
15. ARBEITSRÄUME
16. KAPELLE DES BRENNENDEN DORNBUSCHS
17. ANTONIOSKAPELLE
18. JOHANNESKAPELLE
19. IKONENGALERIE
20. GÄRTEN
21. BEINHAUS
22. FRIEDHOF
23. BRUNNEN

Schon seit Anfang des vierten Jahrhunderts lebten Mönche am Fuß des Berges Sinai. Als Kaiser Justinian Mitte des sechsten Jahrhunderts um die dortige kleine Kapelle Mauern bauen lässt, beginnt das Klosterleben. Johannes Klimakos, der in einem der Kapitel in diesem Buch beschrieben wird, war im siebten Jahrhundert Abt des Klosters. Das dick ummauerte Katharinen-kloster ist eines der ältesten christlichen Klöster der Welt, und immer noch leben hier Wüstenväter. Täglich suchen auch heute noch viele Menschen sie auf.

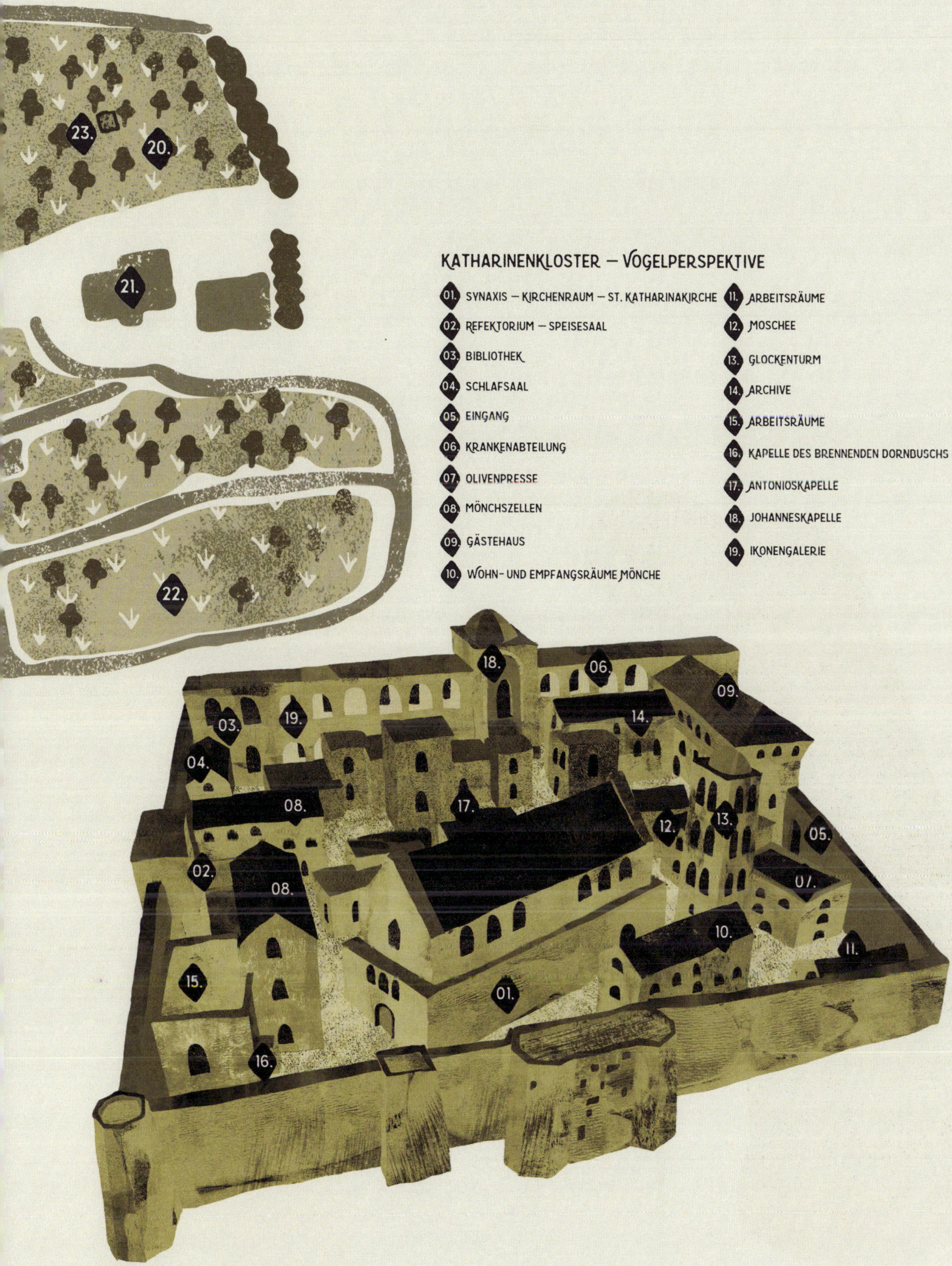
KATHARINENKLOSTER – VOGELPERSPEKTIVE
01. SYNAXIS – KIRCHENRAUM – ST. KATHARINAKIRCHE
02. REFEKTORIUM – SPEISESAAL
03. BIBLIOTHEK
04. SCHLAFSAAL
05. EINGANG
06. KRANKENABTEILUNG
07. OLIVENPRESSE
08. MÖNCHSZELLEN
09. GÄSTEHAUS
10. WOHN- UND EMPFANGSRÄUME MÖNCHE
11. ARBEITSRÄUME
12. MOSCHEE
13. GLOCKENTURM
14. ARCHIVE
15. ARBEITSRÄUME
16. KAPELLE DES BRENNENDEN DORNBUSCHS
17. ANTONIOSKAPELLE
18. JOHANNESKAPELLE
19. IKONENGALERIE

EIN BESCHÄMENDES GESCHENK

Einmal, als ich noch in Oxyrhynchos bei einem Priester weilte, der viel Geld verschenkte, kam eine Witwe, die ihn um Weizen bat. Er sagte zu ihr: „Bringen Sie mir einen Sack und ich werde Ihnen Ihren Teil geben." Sie brachte ihm einen Sack, er vermaß diesen genau mit der Hand und sagte: „Das ist ein großer Sack!" Die Witwe war beschämt.

Da sprach ich zum Priester: „Vater, haben Sie ihr das Korn verkauft?" Er sagte: „Nein, es war ein Geschenk." Da sagte ich: „Wenn Sie alles so großzügig verschenkt haben, warum haben Sie dann so kleinlich Maß genommen und sie so beschämt?"

SCHNEIDE SIE AUS UND HÄNGE SIE AUF!

GUTES TUN, INDEM MAN VERRÜCKTES TUT

Irgendwo in einer Stadt lebte ein Bankier. Jemand brachte ihm ein versiegeltes Kistchen mit Geld und sagte: „Hier hast du ein versiegeltes Kistchen mit Geld, bewahre es für mich auf, und wenn ich etwas brauche, gib mir dann jedes Mal einen Teil davon." Die beiden waren allein, als er das versiegelte Kistchen übergab.

Zufällig ging ein hochrangiger Beamter auf der Straße am Haus des Bankiers vorbei. Er hörte das Gespräch und sah durch das Fenster, wie der Mann dem Bankier das versiegelte Kistchen übergab. Aber der Bankier wusste nicht, dass der Beamte mitgehört hatte.

Ein paar Tage später kam der Mann, der dem Bankier das versiegelte Kistchen gegeben hatte, zu diesem und fragte: „Könntest du mir etwas Geld aus meinem Kistchen geben? Ich brauche es." Doch der Bankier meinte, er sei schlau und könne leicht etwas Geld verdienen, daher sagte er: „Du hast mir nie etwas gegeben!" Denn sie hatten keinen Vertrag unterschrieben.

Ganz bestürzt ging der Mann nach draußen, wo er zufällig dem Beamten begegnete. Dieser fragte: „Was ist los?" Und er erklärte ihm die Angelegenheit. Daraufhin sagte der Beamte: „Weißt du sicher, dass du dem Bankier das Kistchen gegeben hast?" Der Mann antwortete: „Ja." „Dann sag dem Bankier: ‚Komm, lass uns zum Tempel des heiligen Andreas gehen und vor ihm einen Eid ablegen.' Mehr brauchst du nicht zu tun", meinte der Beamte. Denn es gab ein Heiligtum des Märtyrers Andreas in der Stadt.

Als der Bankier und der Mann beinah beim Tempel angekommen waren, um ihren Eid zu schwören, ging der Beamte zusammen mit seinem Diener ebenfalls zum Tempel und sagte zu diesem: „Wenn ich heute etwas Seltsames tue, dann sei nicht beunruhigt, sondern lass es einfach geschehen." Dann ging er in den Tempel, zog all seine Kleider aus und fing an zu schreien, als ob er besessen sei.

Als der Mann und der Bankier eintraten, sagte der wie ein Besessener schreiende Mann: „Der heilige Andreas sagt: ‚Siehe, dieser Schurke hat fünfhundert Münzstücke von diesem Mann in einem versiegelten Kistchen bekommen und jetzt will er unter Anrufung meines Namens einen Meineid schwören.'" Anschließend ging er auf den Bankier los, packte ihn am Hals und sagte: „Der heilige Andreas sagt: ‚Gib die fünfhundert Münzen dieses Mannes her!'"

Der Bankier wusste nicht, wie ihm geschah, und beschämt versprach er: „Schon gut, ich werde ihm das Geld bringen." Aber der nackte, offensichtlich verrückte Beamte, der so tat, als spräche der heilige Andreas durch ihn, sagte: „Was? Nicht später! Bring es ihm jetzt!" Der Bankier rannte so schnell er konnte nach Hause und brachte dann dem Mann im Tempel das Kistchen mit dem Geld. In dieser Zeit verließ der Beamte den Tempel, zog seine Kleider wieder an und ging weg.

Irgendwann sah der Bankier den hochrangigen Beamten durch die Straße gehen und betrachtete ihn argwöhnisch von oben bis unten. Jener sagte zu ihm: „Warum siehst du mich so an? Ich bin nicht verrückt! Aber als der Mann dir sein Kistchen übergab, lief ich zufällig vorbei. Ich hörte und sah sehr genau, was dort geschah. Wenn ich dir das gesagt hätte, hättest du sagen können: ‚Das Zeugnis eines Einzelnen ist nichts wert.' Darum kam ich auf den Gedanken, dieses Theaterstück aufzuführen, damit deine Seele nicht zugrunde geht und der Mann nicht ungerechterweise seines Eigentums beraubt wird."

https://www.pinterest.com/search/pins/?q=Wer%20wagt%20es,%20das%20Undenkbare%20noch%20zu%20träumen%3F

Wer × wagt, × das × Undenkbare × zu × träumen × ? ×

von Wüstenvätern

Texte aus: Die Leiter zum Paradies <<<

Demut darf man nicht damit verwechseln, „kritisch sich selbst gegenüber" zu sein; von Demut ist dann die Rede, wenn man jemanden weiterhin liebt, der Kritik an einem übt.

von Wüstenvätern

So wie die Sonne Gold glänzen lässt, so lässt auch die Tugend jene, die sie besitzen, ins Auge **#springen**

Solange Zorn in uns lebt

-- [bleibt dieser eine fruchtbare Mutter vieler unglücklicher Kinder.] --

Die Leiter zum Paradies.
„Klimakos" stammt vom griechischen Wort „Klimax", das Leiter oder Treppe bedeutet. Es ist eines der wichtigsten Bücher im östlichen Mönchtum.

von Wüstenvätern

Hoffnung ist die Kraft der Liebe, denn durch sie erwarten wir den Lohn, den die Liebe schenkt. Hoffnung ist der Reichtum an unsichtbarem Reichtum. Hoffnung ist ein unzweifelhafter Schatz vor dem Schatz. Sie ist eine Erfrischung während der Arbeit, die Tür der Liebe.

Sacha

Vellen werden der See nie fehlen,
Zorn und Traurigkeit auch nicht dem,
der Geld liebt …###@.

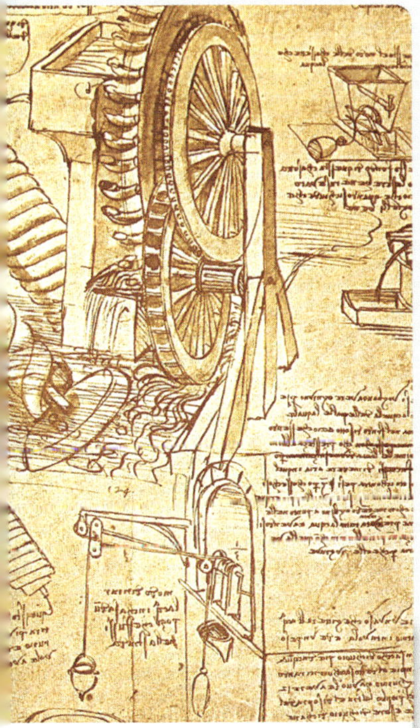

von Wüstenvätern

Bescheidenheit im Umgang mit Menschen
Weisheit, die man nicht zur Schau trägt
Einsicht, die man auf sich selbst anwendet
der Wille, einfach zu leben
das Streben nach Armut
das Suchen nach Herausforderungen
.@>>>>

von Wüstenvätern

Texte aus: Die Leiter zum Paradies <<<

Liebe ist der Abgrund von Erleuchtung. Liebe Ist eine Quelle von Feuer. Je mehr sie aufwallt, desto mehr lässt sie den Durstigen brennen. Liebe ist ewiges Fortschreiten.

von Wüstenvätern

So wie die Sonne Gold glänzen lässt, so lässt auch die Tugend jene, die sie besitzen, ins Auge springen.

Die Wüstenmönche, auch Wüstenväter und Wüstenmütter genannt, lebten zurückgezogen und übten sich in Meditation, Gebet und Studium.

von Wüstenvätern

##„mystische Einheit mit Gott“, das „Vollsein von Liebe“. **#INSTAgram**

575
Johannes wird geboren

591
wird Mönchsschüler von Wüstenvater Martirio in einem Kloster am Berg Sinai

595
zieht bei Tola, ein paar Kilometer vom Kloster entfernt, in ein eigenes Kellion

635
wird Abt des Klosters am Berg Sinai

645
kehrt zurück in sein Kellion in Tola

646
gestorben

Ein Zitat

Lasst uns alles, was uns davon abhält, unser Ziel zu erreichen, unumkehrbar hinter uns lassen, indem wir uns in Folgendem üben:

- Bescheidenheit im Umgang mit Menschen
- Weisheit nicht zur Schau zu tragen
- Erkenntnis auf uns selbst anzuwenden
- dem Willen, einfach zu leben
- dem Streben nach Armut
- dem Suchen nach Herausforderungen
- unerschöpflicher Freigebigkeit
- dem Ablehnen von Eitelkeit

Johannes

Unbekannte Sichtweisen

Viele Menschen setzen sich im Leben genaue Ziele: Manager werden, ein Buch schreiben, mehr Geld verdienen oder eine Ausbildung in vier Jahren abschließen. Eine häufig angewandte Methode, um Zielsetzungen deutlich zu formulieren, ist das sogenannte SMART-Prinzip. SMART steht für: spezifisch, messbar, akzeptabel, realistisch und terminiert. In vielen Fällen ist dies eine nützliche Hilfe, aber das SMART-Denken passt nicht so wirklich zu den Zielen, die die Wüstenväter sich setzen. In ihren Sprüchen kommen Worte wie „akzeptabel“, „messbar“ und „realistisch“ nicht oft vor.

DAS IST NICHT SO SMART

In der Gedankenwelt der Wüstenväter beschäftigt man sich wenig mit spezifischen, messbaren, akzeptablen, realistischen und terminierten Zielsetzungen. Ihr Handeln wird im tiefsten Grund von einem Ziel bestimmt, dass die SMART-Merkmale weit übersteigt. Johannes schreibt in seinem Buch *Die Leiter zum Paradies*: „Unser Ziel ist: voll von Liebe zu sein! Das heißt: die vollkommene Einwohnung Gottes, der Liebe ist.“

Dieses Ziel ist wohl ganz besonders unSMART. Wer glaubt heute noch wie die Wüstenväter, dass Gott buchstäblich in jemandem wohnen kann? In keiner anderen Religion findet man dieses einzigartige christliche Lebensziel. Aber so unrealistisch es vielleicht auch klingen mag, die Wüstenväter glauben mit Leib und Seele daran. Ihr Leben zeigt, dass sie alles auf die Verwirklichung des Unvorstellbaren ausrichten.

> *“ Unser Ziel ist: voll von Liebe zu sein. ”*

WÜSTENVISIONÄRE

Die Verwirklichung des Ziels, voll von Liebe zu sein, überlassen die Wüstenväter nicht dem Zufall. Unaufhörlich suchen sie nach konkreten Schritten, um ihr Ziel zu erreichen. Das Zitat am Anfang dieses Kapitels zeigt, dass sie keine Angst haben, dabei ganz praktisch vorzugehen. Johannes feuert die Mönche an, den Fokus nur auf eines zu richten: alles, was sie hemmt, endgültig hinter sich zu lassen, indem sie sich Herausforderungen stellen und sich in Bescheidenheit, Weisheit, Einsicht, Einfachheit, Armut und Freigiebigkeit üben.

Man kann sagen, was man will, aber nicht, dass die Wüstenväter bei der Wahl ihres Lebensziels sozusagen eine Abkürzung nehmen. Johannes ist ein echter Visionär, der seinen Schülern ein Projekt vor Augen stellt, das ihr ganzes Leben umfasst. Und er fordert auch uns indirekt heraus. Denn es ist einfach, sich durch das beschränken zu lassen, was einfach erreichbar und realistisch ist. Trauen wir uns, uns für eine umfassende Vision zu entscheiden, die unserem täglichen Leben bei jedem Schritt Richtung gibt? Johannes ermutigt uns, unsere Kleinbürgerlichkeit hinter uns zu lassen, aus dem Trott zu erwachen, unseren Träumen zu folgen und diesen voller Hingabe nachzujagen!

DIE NACKTE MÖNCHSWAHRHEIT

Dass die Mönche alles dafür taten, um ihr Ziel zu erreichen, wird in der folgenden Geschichte deutlich:

Einmal kamen Besucher, um Abbas Ammoes um ein weises Wort zu bitten. Er rief seinen Schüler Johannes und sagte: „Lass den Besuch einmal sehen, was sie tun müssen, um Mönch zu werden.“ Aber Johannes murrte: „Nehmt Ihr mich auf den Arm?“ Ammoes antwortete: „Nein, wirklich nicht.“ „Aber Abbas Ammoes, wollt Ihr denn, dass ich spreche, während Ihr schweigt?“ Ammoes antwortete: „Ja.“ Da zog Johannes seine Sachen aus und stellte sich nackt vor sie hin. Abbas Ammoes fragte ihn: „Was bedeutet das, Johannes?“ Und er antwortete: „Wer sich nicht so der Ehre und des Lobes der Menschen entledigt, kann auf keinen Fall Mönch werden.“

DIE LEITER ZUM PARADIES

Um den Mönchen zu helfen, ihr Leben darauf auszurichten „voll von Liebe“ zu werden, schreibt Johannes Klimakos ein Buch: *Die Leiter zum Paradies*. „Klimakos“ stammt vom griechischen Wort *Klimax*, das Leiter oder Treppe bedeutet. Es ist eines der wichtigsten Bücher im

Johannes

Wie bei vielen Wüstenvätern, liegt der größte Teil des Lebens von Johannes Klimakos im Dunkeln. Niemand hat notiert, wo er geboren ist oder wo er seine frühe Jugend verbracht hat. Spärliche biografische Details finden sich vor allem in den Texten, die Johannes selbst schreibt. Durch diese Details, kombiniert mit einzelnen Sprüchen und Geschichten, die andere über ihn schreiben, können wir kleine Stückchen seines Lebens rekonstruieren. So wissen wir, dass er im Jahr 591 als Sechzehnjähriger vor den Toren eines Klosters stand. Das damals zwanzig Jahre alte Kloster steht am Fuß des ägyptischen Berges Sinai, mitten in der Wüste. Johannes will also Mönch werden.

VOM MÖNCH ZUM ABT EINES KLOSTERS

Johannes zieht ins Kloster ein und wird Novize. Der alte und weise Wüstenvater Martirio unterweist ihn geduldig. Getrieben von dem tiefen Verlangen, nahe bei Gott zu leben, zieht es Johannes vier Jahre später in sein eigenes Kellion im östlichen Mönchtum. Selbst heute noch lesen die Mönche dieses Buch einmal pro Jahr ganz. Es ist also seit 1500 Jahren ein richtiger Mönchsbestseller. In der *Leiter zum Paradies* zeigt Johannes, wie er seine persönliche Erfahrung mit der lebendigen Tradition der Wüstenväter im Sinai kombiniert. Es ist eine faszinierende Sammlung überlieferter Sprüche, Allegorien, rätselhafter Formeln, Erzählungen und Sprichwörter.

Die Leiter zum Paradies umfasst dreißig Stufen (siehe die Illustration auf S. 93). Die Stufen behandeln verschiedene Themen, die die Mönche Schritt für Schritt durchlaufen. Das heißt nicht, dass sie diese als locker aneinandergereihte Projekte betrachten, die sie irgendwann abhaken, sondern es geht um eine stetige Bewegung, ein Voranschreiten in der Veränderung der eigenen Persönlichkeit, die sich die Mönche zum Ziel gesetzt haben. Das reicht von einem „Bruch mit der Welt" (zum Beispiel das Gehen in die Einsamkeit) über das Erlernen von „grundlegenden Tugenden" (wie Gehorsam), dem Kampf gegen die „schlechten Leidenschaften" (man denke an Zorn), gefolgt vom Erlernen der „höheren Tugenden", um dann zur „mystischen Einheit mit Gott", dem „Vollsein von Liebe" zu gelangen.

FRUCHT DES GEHORSAMS

Dass die Wüstenväter Visionäre sind, wird wohl an den vielen besonderen Geschichten in den *Sprüchen der Väter* deutlich. So begegnen wir Johannes Kolobos, Johannes, dem Zwerg (ca. 340–ca. 405). Er weiß, dass es wichtig ist, sich im Gehorsam zu üben. Denn wenn man einmal gelernt hat, gehorsam zu sein, kann man besser mit Fehlern umgehen. Das Üben beginnt für Johannes mit einer scheinbar einfachen Aufgabe: einem dürren Zweig Wasser zu geben. Doch ist es diese Aufgabe, die ihn zu einem der bekanntesten Wüstenväter macht. Es finden sich wohlgemerkt 47 Sprüche von Johannes Kolobos in den *Sprüchen der Väter.*

Eines Tages nahm Wüstenvater Pambo einen dürren Zweig, steckte ihn aufrecht in den Sand und sagte zu Johannes: „Gib dem Zweig jeden Tag einen Krug Wasser, bis Früchte daran wachsen." Nun war nur das Wasser so weit entfernt, dass Johannes, wenn er sich abends auf den Weg machte, erst gegen Morgen zurückkehrte. Am Ende des dritten Jahres fing der Zweig an zu blühen und brachte Früchte hervor. Da nahm Pambo ein paar Früchte, nahm sie mit in die Kirche und sagte zu den Brüdern: „Kommt und esst von der Frucht des Gehorsams."

„Erwache aus dem Schlaf des Trotts."

TEXTE AUS *DIE LEITER ZUM PARADIES*

- *Wie die Sonne Gold glänzen lässt, so lässt auch die Tugend diejenigen, die sie besitzen, ins Auge springen.*
- *Demut darf man nicht damit verwechseln, „kritisch sich selbst gegenüber" zu sein; von Demut ist dann die Rede, wenn man jemanden weiterhin liebt, der Kritik an einem übt.*
- *Solange Zorn in uns lebt, bleibt dieser eine fruchtbare Mutter vieler unglücklicher Kinder.*
- *Hoffnung ist die Kraft der Liebe, denn durch sie erwarten wir den Lohn, den die Liebe schenkt. Hoffnung ist der Reichtum an unsichtbarem Reichtum. Hoffnung ist ein unzweifelhafter Schatz vor dem Schatz. Sie ist eine Erfrischung während der Arbeit, die Tür der Liebe.*

WER WAGT, DAS UNDENKBARE ZU TRÄUMEN?

WÜSTENVÄTER
Johannes
306 – NC

einige Kilometer weit entfernten Tola. Viele Jahre verbringt er in der Einsamkeit. Ab und zu suchen andere ihn auf oder stattet er anderen einen Besuch ab; so lebt er eine Weile in einem großen Kloster bei Alexandria, um Erfahrungen zu sammeln. Nachdem er vierzig Jahre in Tola als Einsiedler gelebt hat, bittet man ihn, Abt des Katharinenklosters am Sinai zu werden.

TEXTE AUS *DIE LEITER ZUM PARADIES*

- *Wellen werden der See nie fehlen, Zorn und Traurigkeit auch nicht dem, der Geld liebt.*
- *Liebe ist der Abgrund von Erleuchtung. Liebe ist eine Quelle von Feuer. Je mehr sie aufwallt, desto mehr lässt sie den Durstigen brennen. Liebe ist ewiges Fortschreiten.*

Mit viel Kenntnis und Weisheit leitet Johannes die Mönchsgemeinschaft von hunderten Mönchen. Irgendwann in jener Zeit bittet ein befreundeter Mönch aus einem nahegelegenen Kloster Johannes, seine Gedanken über das Mönchsleben aufzuschreiben. Johannes möchte gerne helfen. So entsteht das Buch *Die Leiter zum Paradies*.

Nachdem er ungefähr zehn Jahre Abt des Klosters war, sehnt Johannes sich wieder nach der Stille. Er überträgt seinen Posten seinem Bruder und kehrt in sein Kellion in Tola zurück. Dort lebt Johannes noch ein Jahr, bis er im Alter von ungefähr siebzig Jahren stirbt.

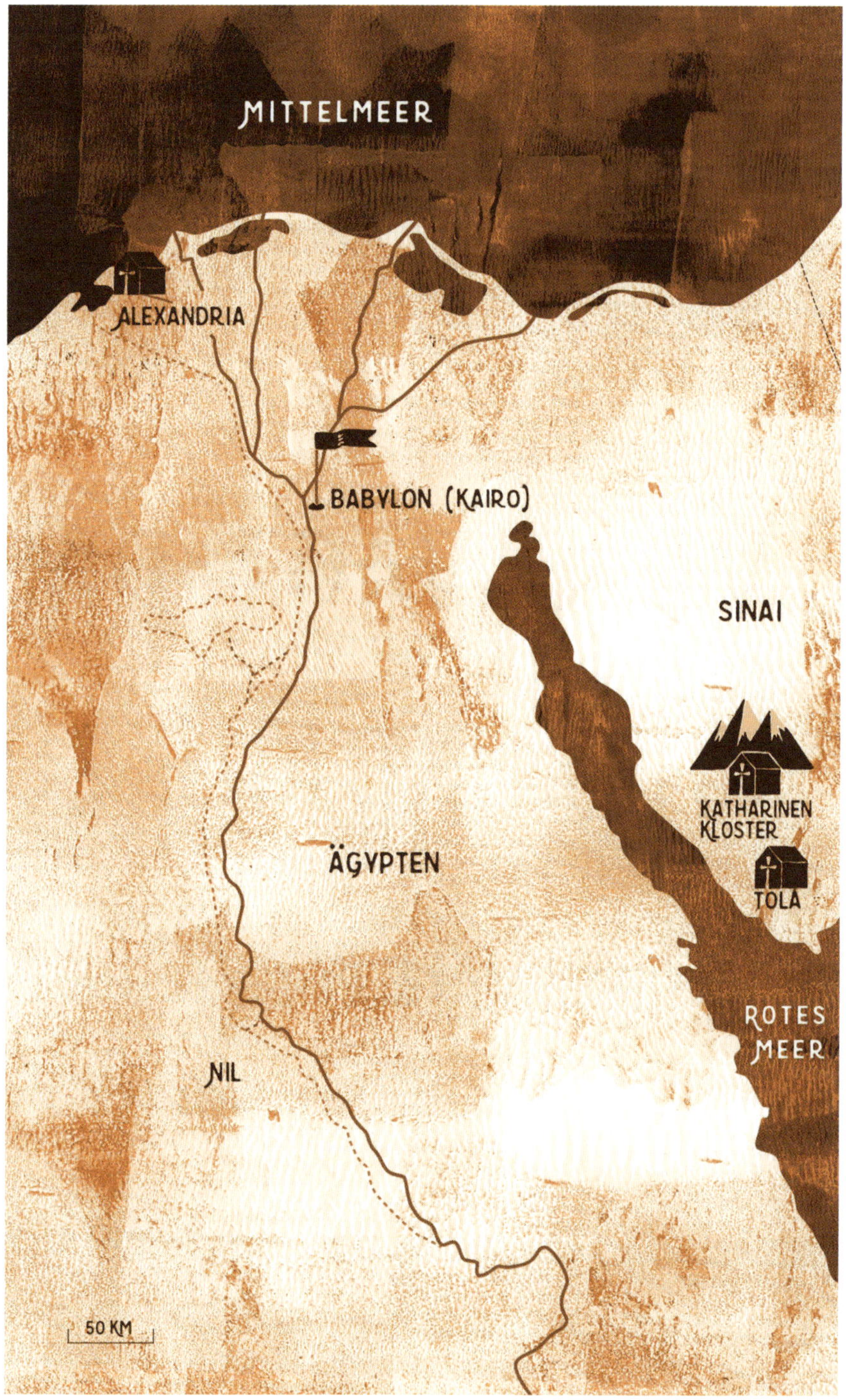

Berg · Ort · Kloster · Landesgrenze (2015) · Überschwemmungsgebiet Nildelta

Im **Katharinenkloster** am Berg Sinai geht Johannes in die Lehre bei Wüstenvater Martirio. Später wird er Abt des Klosters.

Tola ist der Ort, an dem Johannes sein eigenes Kellion hat.

Am Rand von **Alexandria** lebt Johannes eine Zeitlang in einem großen Kloster mit ein paar hundert Mönchen.

SEI VOLL VON
LIEBE
ERFAHRE DEN HIMMEL
AUF ERDEN
BETE MIT DEINEM GEIST UND DEINEM KÖRPER
LERNE, STILL ZU SEIN UND ZUZUHÖREN
LERNE, DEINE GEDANKEN ZU UNTERSCHEIDEN
SEI ZUTIEFST DEMÜTIG
UND STANDHAFT
SEI EINFACH, SANFTMÜTIG
UND UNSCHULDIG
SEI NICHT HOCHMÜTIG
SEI NICHT EITEL
HAB KEINE ANGST
UNEMPFINDLICH
NICHT
SEI
FREIWILLIGE ARMUT
ENTSCHEIDE DICH FÜR
SEI REIN IN DENKEN UND TUN
HÖRE NICHT IMMER AUF DEINEN MAGEN
IMMER AUSHALTEN
UND KLAR BLEIBEN
IMMER
DIE WAHRHEIT SAGEN
NICHT SCHWATZEN,
DOCH STILL SEIN
NICHT TRATSCHEN ODER
VERLEUMDEN
VERGISS DEINEN ÄRGER
SEI NICHT ZORNIG, SONDERN
FREUNDLICH
LERNE, FREUDE ZU FINDEN
IN DER TRAURIGKEIT
ÜBERWINDE DIE ANGST VOR DEM TOD
STELLE GUTE TATEN SCHLECHTEN GEGENÜBER
ÜBE GEHORSAM
BINDE DICH AN NICHTS
HALTE DICH VON EITELKEIT FERN
SUCHE
DIE EINSAMKEIT

WÜSTENVATER
DAS
IM
ZU
IST

SONDERE
DAS

251
Antonios wird geboren

270
seine Eltern sterben, geht in die Lehre bei alten Mönchen

286
lebt zwanzig Jahre alleine in einem verlassenen Fort

306
gründet Klöster in Nitria und der Sketis

312
zieht sich zurück in das Kolzimgebirge

356
stirbt

Die Geschichte

Von Antonios wird erzählt, dass er einmal mit einer Gruppe von Mönchen außerhalb des Klosters ausruhte. Ein Jäger kam zufällig vorbei. Er ärgerte sich über die Gesellschaft, denn er fand, dass sie sich nicht wie ernsthafte Mönche benahmen. Antonios sagte zu ihm: „Leg deinen Pfeil einmal auf den Bogen und spanne ihn." Der Jäger spannte den Bogen, doch Antonios sagte: „Spanne ihn noch mehr." Der Jäger spannte den Bogen weiter. Und wieder sagte Antonios: „Spannen!" Da meinte der Jäger: „Abbas, wenn ich den Bogen noch weiter spanne, wird er irgendwann brechen." Woraufhin Antonios erwiderte: „Genau, der Bogen kann nicht immer gespannt sein. Dasselbe gilt für die Arbeit, mit der wir beschäftigt sind, die Heiligwerdung. Wenn ich zu viel von den Mönchen verlange, besteht die Gefahr, dass einer auf die Dauer zusammenbricht und zerbricht. Darum lasse ich ab und zu die Zügel ein bisschen locker." Der Jäger verstand, was Antonios meinte, bereute seinen Zorn und ging, erbaut von dem, was der alte Mann ihn gelehrt hatte, seines Weges.

Antonios
Alltägliche Inspiration

Man kennt sie vielleicht, die Seminarjunkies, Karrierejäger oder notorischen Festivalbesucher. Leute, die immer auf der Suche sind nach neuen, spektakulären oder extremen Erfahrungen. Für manche ist es eine richtige Sucht. Das ist gar nicht so verwunderlich. Denn wer möchte nicht etwas Besonderes erleben und dadurch auftanken und inspiriert werden?

EINFACH INSPIRIERT

Die Wüstenväter legen nicht so viel Wert auf Spektakuläres. Sie suchen nicht nach einer extremen Erfahrung oder etwas Außergewöhnlichem, um das „normale Leben" erträglich zu machen. Gewiss, manche von ihnen erleben extreme Dinge, aber sie suchen nicht aktiv danach. Womit sie sich im Allgemeinen beschäftigen, ist, das Besondere im Alltäglichen zu sehen. Oder, besser gesagt: das Alltägliche besonders zu machen.

Wenn man auf diese Weise die Welt betrachtet, kann jeder Schritt, jedes Ding und jede Handlung eine tiefere Bedeutung bekommen. So kann Antonios in der Geschichte am Anfang dieses Kapitels einen einfachen Pfeil und Bogen etwas über den flexiblen Umgang mit Regeln erzahlen lassen. Und so kann der Jäger eine weise Lektion lernen.

VERGEBEN UND SCHIFFBRUCH

Antonios gebraucht neben Pfeil und Bogen häufiger alltägliche Bilder. So kommt es zu seiner Zeit so oft vor, dass jemand „Schiffbruch erleidet", dass jeder sich deutlich vorstellen konnte, was damit gemeint ist. Antonios gebraucht dieses Bild, um seinen Mitbrüdern eine Lektion über Vergebung zu erteilen.

Eines Tages machte ein Mönch aus dem Kloster von Wüstenvater Elia einen schweren Fehler. Er wurde aus dem Kloster verbannt und ging zu dem Berg, an dem Wüstenvater Antonios der Große sich aufhielt. Dort lebte er mit Antonios, aber nach einer Weile schickte der Wüstenvater ihn wieder zurück. Als die Mönche im Kloster sahen, dass er zurückgekommen war, warfen sie ihn wieder hinaus. Enttäuscht ging der Mönch zu Antonios und sagte: „Sie wollen mich nicht empfangen."

Da sandte der alte Mann ihn erneut zurück, dieses Mal mit einer Botschaft: „Es war einmal ein Schiff, das schweren Schiffbruch erlitten hatte. Alle Fracht war im Sturm verlorengegangen. Mit großer Mühe erreichte das Schiff schließlich die Küste. Aber jetzt wollt ihr es wieder auf die wilde See zurückschicken, wo es gerade einen sicheren Hafen gefunden hat." Als die Mönche begriffen, dass er von Wüstenvater Antonios geschickt worden war, war er sofort wieder willkommen.

> *“Das Besondere im Alltäglichen sehen.”*

HERUMRENNEN WIE EIN KOPFLOSES HUHN

In einer anderen Geschichte verdeutlicht Antonios anhand eines Eisenstücks, dass es nicht vernünftig ist, wie ein kopfloses Huhn herumzurennen, sondern dass man etwas Gutes aus seinem Leben machen kann, wenn man es wohlüberlegt angeht.

Wüstenvater Antonios sagte: „Wenn ein Schmied ein Stück Eisen schmieden will, denkt er, bevor er zu hämmern anfängt, nach über das, was er machen will: eine Sense, ein Schwert oder ein Beil. So müssen auch wir deutlich wählen, welche Tugend wir schmieden wollen. Sonst lenken wir all unsere Energie auf das Hämmern, ohne dass unser Leben wirklich Form bekommt."

SCHIFF, HAUS, BEIL, ATEM UND SCHLAMM

In den vorigen Geschichten wählt Antonios Eisen, Schiffbruch und Bogen als Beispiele, mit denen er Weisheit eine konkrete Form gibt. Aber er ist sicher nicht der einzige Wüstenmönch, der die Kunst versteht, aus alltäglichen Bildern und Situationen tiefgehende Lehren zu ziehen.

Dies zeigen zum Beispiel folgende Geschichten von Ammonas, Synkletika, Pior, Poimen und Olympos:

Abbas Ammonas sprach einmal: „Ein Mann kann sein ganzes Leben ein Beil bei sich tragen, ohne dass es ihm gelingt, auch nur einen einzigen Baum umzuhacken; während ein anderer, der mit dem Umhacken von Bäumen Erfahrung hat, mühelos einen Baum nach dem anderen Baum mit ein paar Schlägen umfallen lässt." Er sagte dazu, dass das Beil als Symbol für unser Unterscheidungsvermögen steht.

Wüstenmutter Synkletika sagte: „So wie es unmöglich ist, ohne Nägel ein Schiff zu bauen, so kann ein Mensch ohne Demut nicht nahe bei Gott leben."

Wüstenmönch Pior sagte: „Wenn jemand ein Haus baut, erstellt er erst eine Übersicht von allem Baumaterial, das er benötigt. So ist es auch mit uns: Lasst es uns darauf anlegen, alles Baumaterial für unser Leben zu bekommen, von allen Tugenden ein bisschen."

Einst kam ein Mönch bei Wüstenvater Poimen zu Besuch und fragte ihn: „Abbas, ich kann meine Gedanken nicht im Zaum halten, sie bringen mich in Gefahr." Der alte Mann führte ihn nach draußen und sagte: „Versuche jetzt einmal, deinen Brustkorb so weit wie möglich zu machen, ohne einzuatmen." Der Besucher antwortete: „Das wird mir nicht gelingen, ohne tief einzuatmen." Da sagte der alte Mann: „So, wie du nichts dagegen tun kannst, dass das Atmen mit dem Weiten deines Brustkorbs einhergeht, kannst du auch nichts dagegen tun, dass gefährliche Gedanken in dir aufkommen. Aber du kannst dich ihnen widersetzen."

> “ Da mischte er etwas Schlamm und modellierte daraus eine Frau. ”

Wüstenvater Olympos wollte das Mönchsleben aufgeben und eine hübsche Frau heiraten. Seine Gedanken sagten zu ihm: „Steh auf und nimm dir eine Frau." Also stand er auf, mischte etwas Schlamm, modellierte daraus eine Frau und sagte zu sich selbst: „Hier ist deine Frau, sorge jetzt für sie." Dann arbeitete er hart, um sie zu versorgen. Nach einer Weile mischte er wieder Schlamm, formte daraus ein Mädchen und sagte: „Sieh, nun hast du eine Frau und ein Kind, nun musst du noch mehr arbeiten, um beiden Essen und Kleider zu geben. Aber nachdem er eine Weile viel gearbeitet hatte, dachte er bei sich: „Das ist Wahnsinn, ich tue nichts, als nur hart zu arbeiten, so will ich gar keine Frau!" Gott sah die Mühen des Mönchs und half ihm, die Sehnsucht nach einer Frau zum Verschwinden zu bringen, woraufhin er in Frieden weiterlebte.

Den Wüstenvätern kann praktisch alles als Inspiration dienen: Schiffbruch, Hausbau, Atmen und Modellieren mit Schlamm. Sie zeigen, dass die Verbindung von bestimmten Gedanken und alltäglichen Bildern eine kraftvolle Kombination sein kann. Auch wir können lernen, das Besondere im Gewöhnlichen zu entdecken und so jeden Tag inspiriert zu leben.

Antonios

Das Leben von Antonios ist außerordentlich und beinahe unglaublich. Er ist der bekannteste Wüstenvater, weil er am Anfang der Wüstenväterbewegung steht. Der Anfang seines Lebens ist dagegen wenig spektakulär. Er wird in Koma geboren und wächst in einer christlichen Familie auf. Als er neunzehn Jahre alt ist, sterben seine beiden Eltern und er muss für seine jüngere Schwester sorgen. Das tut er voller Liebe.

Nach ungefähr einem halben Jahr hört er in der Kirche eine Geschichte aus der Bibel, in der es heißt: „Wenn du vollkommen sein willst, dann geh nach Hause, verkaufe alles, was du besitzt, und gib den Erlös den Armen; dann wirst du einen Schatz im Himmel haben." Sofort geht Antonios nach Hause, verkauft seinen gesamten Besitz (mehr als acht Hektar fruchtbares Ackerland) und gibt einen großen Teil seines Geldes den Armen. Etwas später gibt er zudem all seine sonstigen Besitztümer weg, bringt seine Schwester in ein Waisenhaus und zieht an den Stadtrand in eine kleine Hütte.

VON EINER KLEINEN HÜTTE IN EINE GRUFT

Hier lebt Antonios als Mönch. Er besucht andere Mönche, um von ihnen zu lernen, und arbeitet, um das Geld, das er verdient, den Armen zu geben. Das macht ihn bei den Menschen in Koma sehr beliebt. Aber Antonios will mehr Ruhe, damit er sich besser auf das Beten konzentrieren kann. Darum beschließt er, in ein Haus über einem Familiengrab außerhalb der Stadt zu ziehen.

Dort angekommen, schließt er die Tür der Gruft. Freunde bringen ihm regelmäßig Brot und Wasser, die sie durch einen Schlitz in der Tür hineinschieben. Bis zu seinem fünfunddreißigsten Lebensjahr lebt Antonios in dem Grabhaus, bis auf seltenen Kontakt mit Besuchern von der Außenwelt abgeschottet. Dann kommt er heraus, um nur noch tiefer in die Wüste zu ziehen.

VON DER GRUFT IN EIN FORT

Er überquert den Nil und läuft in östliche Richtung bis zur Stadt Pispir. Dort findet er ein verlassenes Fort, in das er einzieht. Danach dauert es wieder sehr lange, ganze zwanzig Jahre, bis Antonios als geläuterter Mensch aus dem

DAS BESONDERE IM
ALLTÄGLICHEN ZU SEHEN,
DAS IST DIE KUNST.

WÜSTENVATER
Antonios
505 - NC

Fort heraustritt. Nicht, dass dies seine Idee gewesen wäre, aber andere brechen aus Neugier die Türen des Forts auf. Es ist ein besonderer Moment. Menschen genesen durch das Gebet von Antonios, und seine Worte sind für viele tröstlich und sehr ermutigend. Dem folgt eine regelrechte Flut von Schülern, die alle von Antonios lernen und ihm folgen wollen. Ein Volk von Mönchen entsteht, hunderte, insgesamt vielleicht tausende.

WIE EIN FISCH IM WASSER

Es folgt eine intensive Zeit, in der Antonios seine vielen Schüler unterweist. Schließlich will er dem Andrang aber wieder entfliehen, daher zieht Antonios nach einiger Zeit tiefer in die Wüste. Er befürchtet, dass die zunehmende Menge an Mönchen ihn stolz und hochmütig werden lässt, und meint: „*Wie ein Fisch ins Wasser gehört, so muss ich in die Berge fliehen, um nicht auf dem Trockenen – das heißt unter den Menschen – zu sterben.*" Im Kolzimgebirge bezieht er einen stillen und einsamen Ort, wo er sein Leben auf Gott ausrichten kann. Ein paar Schüler kommen mit, um in seiner Nähe zu wohnen. In einem kleinen Garten baut er sein eigenes Gemüse an und mit dem Flechten von Körben sorgt er für ein kleines Einkommen.

ES BLEIBT EIN GEHEIMNIS

Gegen Ende seines Lebens bittet Antonios zwei befreundete Mönche, ihn nach seinem Tod zu begraben, ohne irgendwem zu erzählen, an welcher Stelle dies sein wird. Er will nicht, dass sein Grab zu einem Wallfahrtsort wird. Manche sagen, dass sein Grab später doch gefunden worden ist, aber niemand weiß es sicher. Und so geht Antonios in die Geschichte ein als der Vater aller Mönche, für die seine Zeit in der Wüste ein Vorbild für die eigene Läuterung ist. Auch heute noch inspiriert er eigentlich alle Mönche. Jeder weiß, wer Antonios ist, und darum kann er zu Recht Antonios der Große genannt werden.

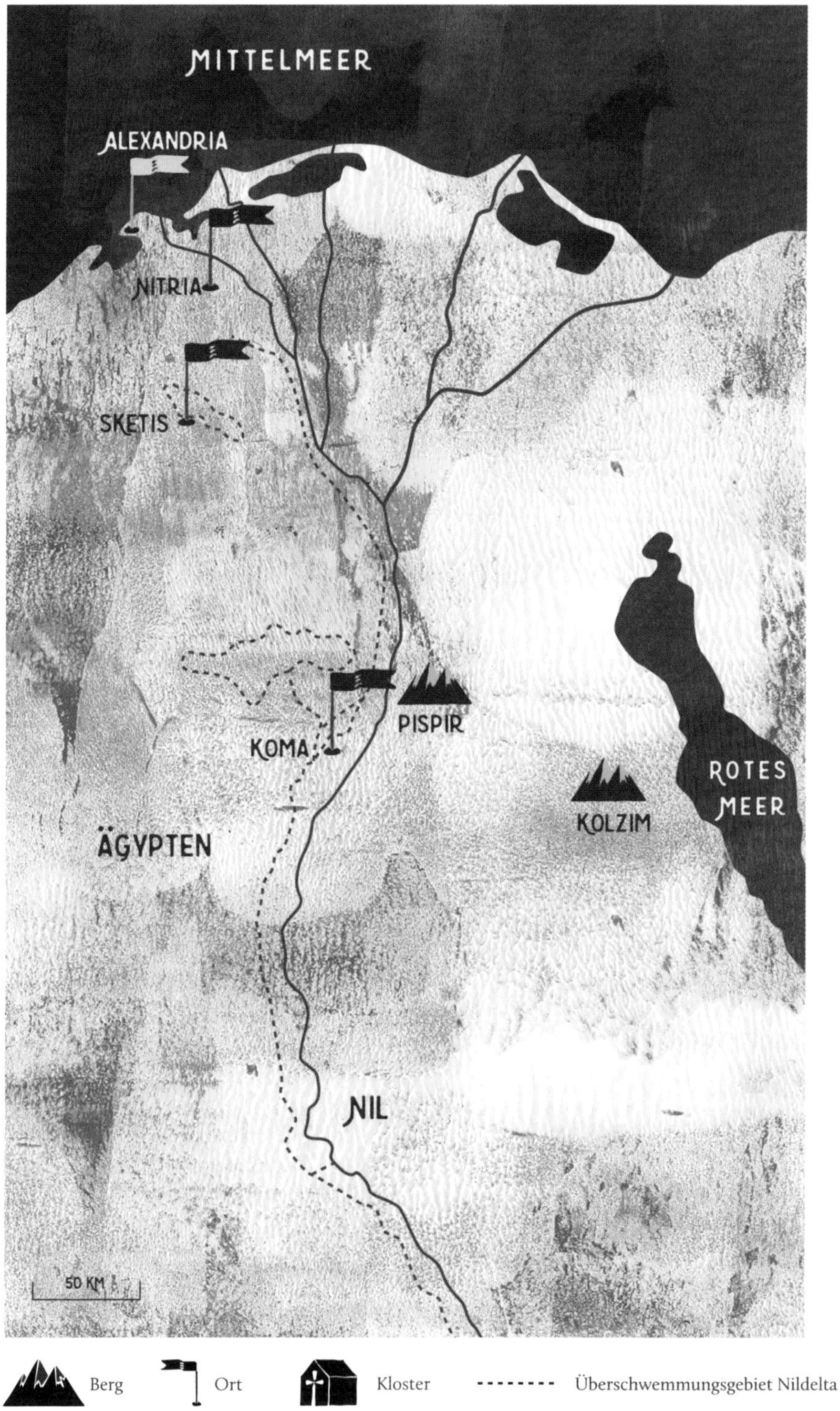

Koma ist der Geburtsort von Antonios. In der Umgebung von Koma geht Antonios nach dem Tod seiner Eltern bei verschiedenen Mönchen in die Lehre.

Das Fort, in dem Antonios zwanzig Jahre lebt, liegt in der Nähe von **Pispir**, in einer Gegend, die „das Außengebirge" genannt wird.

In **Nitria** und der **Sketis** gründet Antonios dutzende, vielleicht sogar hunderte Klostergemeinschaften.

Den letzten Teil seines Lebens verbringt Antonios auf dem Berg **Kolzim**, wo er schließlich auch stirbt.

LOBGESANG AUF DIE WÜSTENMÖNCHE

Auf dieser Seite findest du Auszüge aus alten Kirchenliedern. Sie werden einmal pro Jahr zu Ehren der christlichen Helden gesungen, die all ihre Kraft in ein heiligmäßiges Leben steckten. In den Liedern werden auch ein paar Wüstenmönche genannt, die in diesem Buch zu finden sind.

*„Eine Ehrengabe an Tugenden ist Makarios der Große, und Makarios von Alexandria war ein Höhepunkt an Frömmigkeit. Mit ihnen preisen wir besonders den großen Markus, mit Matoës und **Moses dem Äthiopier.**“*

*„Möge **Pambo** selig gepriesen werden um seiner Werke und Worte willen, denn hoch ist er gestellt. Aber auch Puplios, der allseits gepriesene, der Dämonen zu wehren wusste. Gepriesen sei auch Pinnuphrius, der Strahlende.“*

*„Ehre und Lob sei **Gregor von Nyssa**, mit den beiden anderen Hierarchen und Wundertätern mit diesem Namen. Weise in göttlichen Angelegenheiten war auch Epiphanios; und mit Amphilochios, dem strahlenden Stern, wird er gepriesen bis in alle Ewigkeit.“*

*„Der heilige Phaedimus, der gottbegeisterte Spyridon, und auch Antipater, **Pambo**, Palladius, Nonnos, Hieronymus und der allseits geehrte Germanos: lasst uns sie besingen wie die strahlenden Lichter Gottes.“*

*„Gepriesen sei Marina, die ihr ganzes Streben auf das Himmlische gerichtet hatte. Lasst unsere Gesänge erklingen vor der großen Matrona, **Synkletika**, Sara und Justa, den weisen Frauen.“*

*„Xenophon und seine Söhne erleuchten uns durch ihre strahlenden Tugenden; groß war Orsisios und noch mehr Onuphrios. Und wer der Sterblichen kann **Poimen** seinem Wert gemäß besingen?“*

*„Geben wir gebührende Ehre Basilios dem Großen und dem wahrhaftig im Kampf erprobten Athanasios; ebenso **Gregor**, der alle übertraf in der Kenntnis von Gott.“*

*„**Maria von Ägypten** hat wie ein glänzendes Licht auf Erden gestrahlt, und sie, die sich Marinus nannte, war wie ein Stern für die ganze Welt.“*

*„Erfreuet Euch, **Antonios**, der meistgerühmte Anführer der Mönche; Ihr, Gott tragender Ammon, Ruhm von Nitria; Ihr Engel Arsenios, die Kraft der Stille; und Ihr, Ammonas, Träger von Gottes Geist.“*

FRÖHLICH ZU GEBEN IST EIN MUSS

Jemand, der Geld
an die Armen verschenkt,
was eine gute Tat ist,
muss es geben,
als ob er es selbst empfinge.

KÜMMERE DICH UM DEINE EIGENEN ANGELEGENHEITEN

Ein Schüler sah einmal ein paar Linsen auf dem Boden liegen und fragte seinen Lehrer: „Soll ich sie aufheben?“ Doch der Wüstenvater fragte erstaunt: „Warum? Hast du sie etwa dort hingelegt?“ Der Schüler antwortete: „Nein“, woraufhin der alte Mann sagte: „Aber wenn sie nicht von dir sind, warum solltest du sie dann aufheben?“

LIEBE
DIE
SCHÖNSTEN

SCHREIBT
GESCHICHTEN

344
Maria wird geboren

356
geht nach Alexandria

373
aus Neugier mit dem Schiff nach Jerusalem

420
Begegnung mit Zosimas

421
gestorben

Ein Lied

Troparion: In Euch, o Mutter, wurde sichtbar Gottes Ebenbild gerettet, denn nachdem Ihr das Kreuz angenommen habt, um Christus nachzufolgen, lerntet Ihr durch Euer Ebenbild das vergängliche Fleisch nicht zu verherrlichen, sondern für die Seele zu sorgen, die unsterblich ist. Darum, o heilige Mutter Maria, freut sich Euer Geist mit den Engeln.

Kondakion: Ihr, die Ihr einst von Unzucht erfüllt wart, seid nun durch die Reue die Braut Christi. Voller Sehnsucht nach dem Leben der Engel habt Ihr die Dämonen besiegt durch die Waffe des Kreuzes. Darum seid Ihr, herrliche Maria, jetzt erschienen als die Braut des Königs.

Maria
Eine schöne Geschichte

Sex, Alkohol, Prostitution und Sucht, man findet all dies in der einzigartigen Lebensgeschichte von Maria von Ägypten. Dennoch sind diese Themen nicht das Zentrum ihres Lebens. Das, worum es in ihrer Biografie vor allem geht, ist: Charakter. Denn sie ist eine Frau, die siebzehn Jahre lang hart gegen ihre Sucht gekämpft hat. Und so wurde sie von einer feiernden selbstsüchtigen Nymphomanin zu einer demütigen heiligen Frau.

Marias Lebensgeschichte ist außergewöhnlich und ihr Durchhaltevermögen eine Inspiration für alle Mönche. Die Wüstenväter meinen, dass Gott in ihr Leben eingegriffen habe, und nennen sie aus diesem Grund eine „Heilige". So wurde Maria von Ägypten eine der außergewöhnlichsten und bekanntesten Frauen aus der ägyptischen Wüste. In den Sprüchen der Väter stehen keine Sprüche von ihr, aber jeder Mönch bekommt einmal im Jahr ihre Biografie zu hören. Ungefähr zweieinhalb Wochen vor dem Osterfest wird diese mit einer Einführung von Bischof Sophronius während des Gottesdienstes am Donnerstagmorgen vorgelesen. Wenn wir auf der Suche nach Veränderung in unserem Leben sind, kann Marias Lebensgeschichte auch uns inspirieren. Denn eine Veränderung der Person erfordert nun einmal viel Zeit und Mühe. Marias Leben zeigt jedoch, dass in dieser Hinsicht sehr viel möglich ist – dem sie zweifellos hinzufügen würde: „mit Gottes Hilfe".

DAS GEHEIMNIS VON SOPHRONIUS

In der Einführung zur Biografie von Maria von Ägypten beginnt Sophronius mit einem flammenden Plädoyer, dass er einfach über das sprechen muss, was er gehört hat. Die Geschichte, die er erzählen will, ist nämlich sehr außergewöhnlich: Sie ist ein göttliches Geheimnis. Sie ist sogar so außergewöhnlich, dass sie ans Unglaubwürdige grenzt. Darum sagt Sophronius: „Es soll niemand ungläubig sein, denn ich schreibe auf, was ich gehört habe; es soll niemand aufgrund der Größe der Angelegenheit meinen, dass ich lüge. Denn das Letzte, was ich tun würde, wäre lügen über Angelegenheiten, in denen Gott vorkommt."

> *„Nun werde ich die ganze Wahrheit bekannt machen!"*

Um weiterem Unglauben vorzubeugen, sagt Sophronius über seine Quelle: „Nun werde ich die ganze Wahrheit bekannt machen, die sich in unserer Zeit zugetragen hat, so wie diese mir von einem heiligen Mann erzählt worden ist." Dann beginnt Sophronius vom „großen und unerschrockenen Kampf der würdigen Maria" zu erzählen.

BEKANNTSCHAFT MIT ZOSIMAS

Die Biografie von Maria beginnt mit Zosimas, einem vollkommenen Mönch. *„In einem Kloster in Palästina wohnte ein Mönch, Zosimas genannt. Er war bekannt für seine gute Einstellung zum Leben und seine Redegewandtheit. Er war von klein auf – sozusagen aus den Armen seiner Mutter heraus – Mönch gewesen und hielt ohne die geringste Abweichung alle Regeln ein, die ihm vorgegeben waren. Um sich dem vollkommenen Mönchsleben zu verschreiben, hielt er freiwillig zusätzliche Regeln ein. Sein Charakter und seine Lebenseinstellung waren sehr inspirierend, sodass Mönche aus der ganzen Umgebung ihn aufsuchten."*

Als Zosimas aber 53 Jahre alt war, so lesen wir in der Biografie, überkam ihn der Gedanke, dass er von niemandem mehr etwas lernen könne. Es war wunderbar, dass er all seinen Besuchern weisen Rat geben konnte, aber zu wem konnte er selbst gehen? Während Zosimas darüber nachgrübelte, stand plötzlich jemand neben ihm, der ihm sagte: „Gehe von diesem Kloster weg zum Kloster am Jordan." Zosimas verstand diese Worte als eine göttliche Ermutigung und machte sich sofort auf die Suche nach einem neuen Abenteuer.

DIE REGEL DER ACHT WOCHEN

Nach einer kurzen Suche kam Zosimas im Kloster am Jordan an. Er schloss sich der Mönchsgemeinschaft an und wurde wieder neu inspiriert. Seine neuen Mitbrüder schienen ihn viele Dinge lehren zu können, und er wurde dort sehr glücklich.

Das Kloster kannte eine einzigartige Klosterregel, die Zosimas sehr überraschte: Alle Mönche mussten acht Wochen vor Ostern vom Kloster in die

Wüste ziehen. Dabei nahm jeder mit, was er dachte, dass er es brauchte, um diese Zeit zu überstehen – ein paar Feigen, Datteln oder Hülsenfrüchte. In der Wüste ging jeder in eine andere Richtung, denn während der acht Wochen durften sie keinen Kontakt miteinander haben. Die Zeit in der Wüste füllten sie mit Meditieren im Gehen und dem Singen geistlicher Lieder. Nach der vorgeschriebenen Zeit kamen alle zurück ins Kloster, um am Sonntag zusammen Ostern zu feiern.

„So überschritt also auch Zosimas gemäß der Regel des Klosters den Jordan, nur mit einer Notration in der Tasche und der Kleidung, die er am Leib trug. Zu den Mahlzeiten aß er eine Kleinigkeit, zu bestimmten Tageszeiten stand er still, um zu singen. Nachts ruhte Zosimas aus und schlief. Und jeden Morgen stand er guten Mutes auf, denn er hoffte, irgendwo tief in der Wüste einem unbekannten Mönch zu begegnen, von dem er etwas lernen könnte.“

DIE MYSTERIÖSE FRAU

Als er zwanzig Tage in der Wüste verbracht hatte und er um zwölf Uhr am Mittag beim Singen war, sah Zosimas

> *“ Könntest du mir dein Kleid zuwerfen, damit ich zu dir kommen kann? ”*

plötzlich jemanden in der Nähe stehen. *„Es war eine Frau, die er wahrnahm, sie hatte einen sehr dunklen Körper, durch die Hitze der Sonne verbrannt. Ihr Haupthaar war weiß wie Wolle und auch sehr kurz, nicht länger als bis in ihren Nacken.“*

Zosimas war sehr neugierig auf diese Frau. Was könnte er von ihr lernen? Er lief in ihre Richtung, aber bei jedem Schritt, den er auf sie zu machte, machte die mysteriöse Frau einen Schritt von ihm weg. Zosimas flehte sie an, stehen zu bleiben, aber sie hörte nicht auf ihn. Weil er keinen Rat mehr wusste, fing er an, leidenschaftlich zu weinen, um sie dazu zu bewegen, etwas zu sagen, sei es auch nur aus Mitleid. Diese Strategie war schließlich erfolgreich: *„Da kam aus dem Körper, der geflohen war, eine Stimme: ‚Vater Zosimas, um Gottes Willen, vergib mir. Ich kann mich nicht umdrehen, weil ich ganz nackt bin. Aber könntest du mir dein Kleid zuwerfen, damit ich zu dir kommen kann? Denn ich möchte gerne, dass du einen Segen für mich betest.‘ Daraufhin warf Zosimas ihr seinen Überrock zu.“*

EINE BESONDERE BEKANNTSCHAFT

Zosimas stand da wie festgenagelt. Die unbekannte Frau sprach ihn mit seinem Namen an! Wie war das möglich? „Gott hat ihr meinen Namen offenbart“, dachte Zosimas, „sie muss wohl sehr nahe bei Gott leben, was für eine heilige Frau!“ Aus Respekt kniete er sich in den warmen Wüstensand und verneigte sich. Aber die Frau verneigte sich ebenso aus Demut vor Zosimas. Das machte ihre erste Begegnung zu etwas ganz Besonderem: *„Sie wandte sich an Zosimas mit den Worten: ‚Warum hast du es dir in den Kopf gesetzt, Zosimas, eine so schlechte Frau wie mich suchen zu gehen?‘ Aber er blieb zur Erde geneigt und sehnte sich danach, von ihr einen Segen zu erhalten. Da warf auch sie sich zu Boden, und so baten beide, der eine den anderen, um einen Segen.“*

„Nach einer Weile sagte die Frau: ‚Zosimas, ich weiß, dass du Priester bist, es ist also wirklich angemessen, dass du als über mir Stehender mich segnest.‘ Diese Worte brachten Zosimas noch mehr in Verwirrung, sodass ihm der Schweiß ausbrach. Aller Kräfte beraubt, sagte er: ‚Es ist deutlich, dass Gott Euch reich gesegnet hat, denn Er offenbart Euch sogar, wer ich bin! Ich weiß nicht, wer Ihr seid. Darum bin ich es nicht wert, Euch zu segnen, segnet mich doch bitte!‘ Da bekam sie Mitleid mit ihm und sagte: ‚Gesegnet ist Gott, der unsere Seelen rettet.‘ Und nachdem Zosimas ‚Amen‘ geantwortet hatte, erhoben sich beide.“

DER ANFANG DES ELENDS

Sie hatten schon eine Weile miteinander gesprochen, als Zosimas sie bat, ihre Lebensgeschichte zu erzählen. Er war nämlich davon überzeugt, dass Gott sie zusammengebracht hatte. Und weil er immer auf der Suche nach inspirierenden Menschen war, wollte er sie besser kennenlernen. Die Frau wollte anfangs nichts davon wissen. Sie schämte sich zu sehr für das, was in ihrem Leben geschehen war. Aber nach langem Bitten stimmte sie doch zu, unter der Bedingung, dass er unaufhaltsam für sie betete, während sie erzählte.

> *“ … ich will lieber nicht mehr von meiner Schlechtigkeit erzählen. ”*

„Abbas Zosimas, ich bin in Ägypten geboren, aber als ich zwölf war, habe ich meine Eltern im Stich gelassen und bin nach Alexandria gegangen. Dort habe ich siebzehn Jahre lang als Prostituierte gelebt. Ich genoss es und wollte nicht dafür bezahlt werden, obschon man mir oft Geld dafür

LIEBE SCHREIBT DIE SCHÖNSTEN GESCHICHTEN.

geben wollte. Denn ich wusste: Wenn ich nichts dafür verlange, würden noch mehr Männer Sex mit mir wollen. Weil ich kein Geld verlangte, musste ich betteln und arbeiten, aber ich genoss meine Unbedachtheit und fand, dass ich wirklich lebte!
An einem sonnigen Tag sah ich ein paar Ägypter und Libyer, die mit einem Schiff nach Jerusalem fahren wollten, um in der großen Kirche ein christliches Fest zu feiern. Es schien mir eine interessante Reise zu sein.

Etwas weiter weg sah ich zehn Männer am Kai, die dasselbe Schiff nahmen. Ihre kräftigen Körper schienen mir geeignet, um das zu tun, was mir angenehm war. Ich bot mich schamlos an, und fröhlich ging ich an Bord, denn ich freute mich auf die vielen Wohltäter, die meine Wollust befriedigen würden. Auf dem Schiff habe ich viele Männer ins Unglück gestürzt mit meinem Körper. Ich schäme mich jetzt fürchterlich für das, was alles auf dem Schiff geschehen ist, und ich möchte lieber nicht mehr von meiner Schlechtigkeit erzählen.“

GOTT GREIFT EIN

Zosimas weinte beim Hören der Geschichte, aber er flehte sie an, weiterzuerzählen. Es musste etwas Besonderes geschehen sein, denn wie sonst hätte diese Prostituierte eine so besondere Frau werden können? Sie erzählte weiter von dem Moment an, als sie in Jerusalem ankam und in die Kirche hineingehen wollte, aber von einer wunderbaren unsichtbaren Kraft davon abgehalten wurde.

„Plötzlich wurde ich zurückgedrängt und befand ich mich in der kleinen Halle vorne in der Kirche. Zunächst dachte ich, dass ich als Frau zu schwach sei und deshalb von den Menschen zurückgedrängt wurde. Aber wie sehr ich auch meine Ellbogen gebrauchte und schubste, ich kam nicht hinein. Es war, als ob eine Truppe von Soldaten aufgestellt worden wäre, um mir das Eintreten zu verwehren. Verzweifelt versuchte ich es weiter, aber als ich völlig erschöpft den Mut verloren hatte, weil mein ganzer Körper von blauen Flecken übersät war durch das Gedränge der Menge, ruhte ich in einer Ecke aus und begann, darüber nachzudenken, wie dies möglich war. Da wurde mir klar, dass meine abscheulichen Taten mir den Zugang zur Kirche verwehrten, und ich brach in Tränen aus.“

DIE GROSSE VERÄNDERUNG

Irgendwo in einer Ecke des Vorraums der Kirche gelangte die Prostituierte zu der Einsicht, dass sie ihr Leben ändern wollte. Ihre nassen Augen schweiften über die Wände und fielen auf eine Ikone von Maria, der Mutter Jesu. Spontan wandte sie sich an sie: *„Ich habe gehört, dass Jesus, den Ihr so würdig geboren habt, Mensch geworden ist, um Menschen, die Fehler machen, zu einem besseren Leben zu rufen. Helft mir, die ich verlassen bin, denn ich habe niemanden, der mir beisteht. Helft mir, in die Kirche hineinzugelangen. Bittet Euren Sohn, mir zu helfen. Lasst mich das* *christliche Fest mitfeiern, und ich verspreche, dass ich mein Leben Gott weihen und die Prostitution hinter mir lassen werde."*

In dem Augenblick, als die Frau ihr Gebet beendet hatte, spürte sie, dass sich etwas verändert hatte. Bestürzt und erstaunt lief sie zur Schwelle der Kirche, die sie nicht hatte überschreiten können. Dieses Mal gelang es aber. Sie fiel auf ihre Knie, bewegt und gerührt. Dann hörte sie aus der Ferne eine Stimme zu ihr sagen: „Wenn du über den Jordan gehst, wirst du Ruhe finden." Sie stand sofort auf und lief in Richtung des Jordans. Sie hörte nicht auf zu laufen, bevor sie gegen Abend bei einer Kirche ankam. Dort, am Ufer des Jordans, schlief die erschöpfte Frau ein. Am nächsten Morgen floh sie tiefer in die Wüste hinein, weg von den Menschen, in Erwartung dessen, was kommen würde.

> Mein ganzer Körper war von blauen Flecken übersät durch das Gedränge der Menge.

CHARAKTERVERÄNDERUNG KOSTET ZEIT

„Zosimas fragte sie: ‚Wie viele Jahre wohnst du jetzt in der Wüste?' Sie antwortete: ‚Wenn ich mich richtig erinnere, ist es jetzt siebenundvierzig Jahre her, dass ich aus der heiligen Stadt Jerusalem weggegangen bin.' Dann sagte Zosimas: ‚Hast du so lange Zeit ohne Mühe durchgestanden? Hast du dich nicht elend gefühlt durch die heftige Veränderung und das Umkrempeln deines Lebens?'

Bestürzt erzählte sie weiter: ‚Abbas Zosimas, glaube mir, siebzehn Jahre habe ich gegen meine wilden und ungezügelten Begierden gekämpft: die Trunkenheit durch den Wein, die Schäbigkeit doppeldeutiger Lieder und das Feuer meiner Sehnsucht nach Sex. Wenn solche Gedanken in mir hochkamen, warf ich mich auf den Boden, über den ich meine Tränen ergoss. Dann stand ich nicht auf, bevor das Freundliche Licht mich umstrahlte und die schwirrenden Gedanken von mir forttrieb.

Ansonsten habe ich mich von den Pflanzen ernährt, die in der Wildnis wachsen. Aber das Kleid, das ich anhatte, als ich den Jordan überschritt, ist völlig verschlissen und vergangen. Ich habe große Not gelitten durch die Kälte im Winter und die Hitze im Sommer. Ich bin verbrannt durch die Glut und steif gefroren durch die strenge Kälte. Oft fiel ich zu Boden, ganz außer Atem, während ich mich nicht bewegen konnte. Aber durch all dies hindurch hat die Kraft Gottes meine einfache Seele und meinen Körper bis heute erhalten."

DER ERSTE ABSCHIED

Nachdem die Frau aus ihrem Leben erzählt hatte, bat sie Zosimas, für sie zu beten. Er betete: *„Gesegnet ist der Herr, Gott, der große Werke tut, ruhmreiche und beeindruckende Dinge, unzählbar viele. Gesegnet bist Du, Herr, Gott, der mich sehen lässt, welche schönen Dinge Du Menschen gibst, die Respekt und Ehrfurcht vor Dir haben."*

Nach dem Gebet nahm die Frau Zosimas das Versprechen ab, mit niemandem über ihre Begegnung zu reden und in einem Jahr wiederzukommen mit etwas Brot und Wein von der Eucharistie. Danach ging sie weg, Zosimas zog wieder alleine weiter durch die Wüste. Nach den acht Wochen kehrte er zum Kloster zurück.

> Die Frau machte ein Kreuzzeichen über dem Wasser und betrat es, als ob es ein fester Weg unter ihren Füßen wäre.

„Das ganze Jahr schwieg Zosimas, denn er traute sich nicht, von dem zu erzählen, was er gesehen hatte. Aber stets betete er zu Gott, dass er ihr noch einmal begegnen dürfe. Und er seufzte, weil das Jahr so zäh und langsam vorbeiging.“

DIE ZWEITE BEGEGNUNG

Nach einem Jahr, an einem Abend, an dem die Eucharistie gefeiert worden war, nahm Zosimas einen kleinen Kelch und tat etwas von Wein und Brot hinein. Dann ging er schnell in die Wüste, um die Frau zu suchen.

„Später als er ursprünglich geplant hatte – denn Zosimas war krank gewesen – kam er an und setzte sich am Ufer des Jordans nieder, in Erwartung des Kommens der heiligen Frau. Aber sie ließ auf sich warten. Bei dem Gedanken, dass sie vielleicht schon wieder gegangen war, fing er leise an zu weinen und betete: ‚Herr, lass mich sie noch einmal sehen.‘

Als Zosimas so betete, sah er sie auf einmal auf der anderen Seite des Jordans stehen. Voller Freude erhob er sich. Und während er schaute, geschah etwas Außergewöhnliches. Die Frau machte ein Kreuzzeichen über dem Wasser und betrat es, als ob es ein fester Weg unter ihren Füßen wäre. So lief die Frau über das Wasser zu Zosimas.“

Zosimas überreichte der Frau etwas Brot und den Wein von der Eucharistie, wie er es im Jahr davor versprochen hatte. Sie weinte vor Freude und bat ihn, nächstes Jahr wiederzukommen.

FREUDE UND VERDRUSS

Die Frau sagte zu Zosimas: *„‚Um Gottes Willen bete für mich und denke an mich.‘ Er berührte ihre heiligen Füße und flehte sie unter Tränen an, dass sie für die Kirche und für ihn beten möge. Weinend und schluchzend ließ er sie gehen. Denn er traute sich nicht, sie länger aufzuhalten, auch wenn er es noch so gerne getan hätte.*

Zosimas kehrte voller Freude zurück in sein Kloster. Aber er war auch wütend auf sich selbst, weil er sie nicht nach ihrem Namen gefragt hatte. Er hoffte, dass er im nächsten Jahr daran denken würde.“

DIE LETZTE BEGEGNUNG

Nach einem Jahr kehrte Zosimas erwartungsvoll an den Ort ihrer Begegnung zurück. Aber wie sehr er auch suchte, er fand sie nicht. Als er sie schließlich sah, verstand er, warum das so schwierig gewesen war: *„Betend kam er an der Stelle an, die in der Sonne strahlte. Da sah er den Leichnam der heiligen Frau liegen. Bei ihr angekommen, wusch er mit seinen Tränen ihre Füße. Lange Zeit weinte er und betete mehrere Psalmen, die zum Totengebet und dem Begräbnis gehören.*

Da sah er, dass etwas in den Sand geschrieben stand: ‚Abbas Zosimas, begrabe den demütigen und einfachen Leib von Maria, gib der Erde zurück, was ihr gehört, wirf den Staub zum Staub.‘“

Wie froh war Zosimas, als er den Namen der Frau im Sand stehen sah: Maria! Trauer mischte sich mit Freude, und er beschloss, Maria eine würdige letzte Ruhestätte zu geben. Mit einem kleinen Brett begann Zosimas unter der brennend heißen Wüstensonne, eine Grube auszuheben. Aber der Boden war so hart, dass er keinen Meter vorankam.

BEGRÄBNIS MIT EINEM LÖWEN

„Während er sich abplagte, sah Zosimas auf und entdeckte plötzlich einen großen Löwen zu Füßen der heiligen Maria. Er war

vor Schreck vor diesem gewaltigen Tier wie gelähmt. Aber der Löwe war zahm, sodass Zosimas zu ihm sagte: ‚O vornehmstes unter den wilden Tieren, Gott hat Euch hierher gesandt, damit die heilige Maria begraben werden kann. Verrichtet nun das Graben, damit ich sie hineinlegen kann. Denn ich bin schwach vom Alter und habe kein vernünftiges Werkzeug.' Der Löwe gehorchte erstaunlicherweise sofort. Mit seinen Pranken grub er ein Grab, groß genug für Marias Leichnam. Zosimas legte sie hinein und bedeckte sie mit Sand."

EIN FEIERLICHER ABSCHLUSS

„Da gingen sie zusammen fort: der Löwe wie ein zahmes Schaf in Richtung Wüste und Zosimas in Richtung seines Klosters, während er einen Lobgesang auf Christus sang.

Im Kloster angekommen, erzählte er den Mönchen zum ersten Mal seine Geschichte und hielt nichts mehr verborgen von dem, was er gesehen und gehört hatte. Sie hörten mit Erstaunen und Verwunderung von Gottes großen Werken, und mit Ehrfurcht, Liebe und großem Glauben feierten sie den Todestag der heiligen Maria von Ägypten."

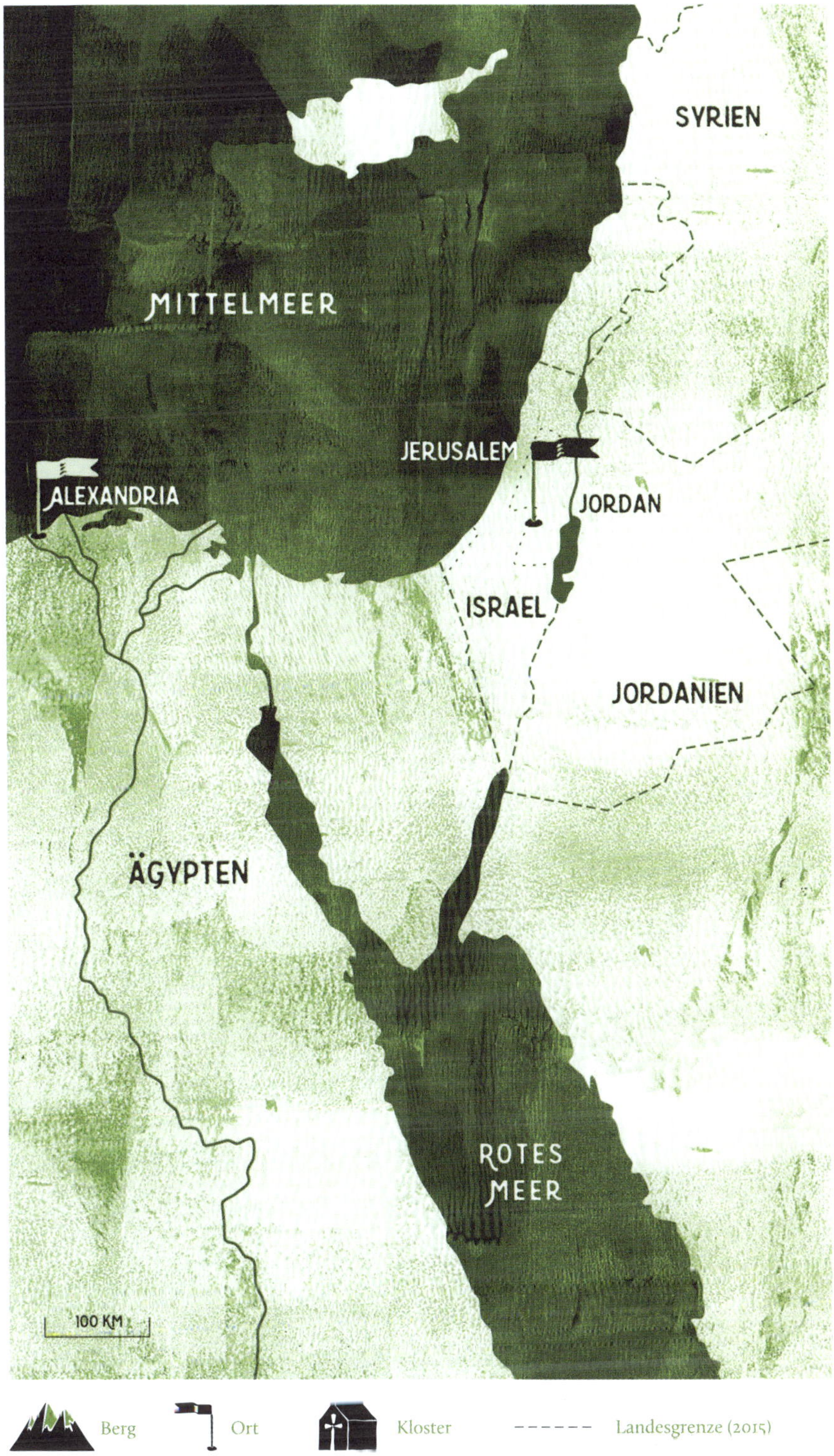

In **Alexandria** lebt Maria siebzehn Jahre lang als Prostituierte.

Jerusalem ist der Ort, an dem Maria eine besondere Erfahrung macht, die ihr Leben verändert.

Nachdem sie 47 Jahre am **Jordan** in der Wüste umhergezogen war, begegnet Maria dem Wüstenvater Zosimas.

EIN BESONDERER GEDANKE

Ein Altvater sagte: „Wenn du bemerkst, dass ich einen Verdacht gegen jemanden hege, dann hast du in diesem Augenblick denselben Gedanken."

SPAR DIR DIE MÜHE

Ein Altvater sagte: „Komm nicht in die Nähe von Menschen, die immer Recht haben wollen.“

Wüstenväter für jeden Tag

Anselm Grün

Jeder Tag ein neuer Anfang

Weisheit der Wüstenväter für das ganze Jahr

400 Seiten, gebunden, 14,5 x 22,0 cm, ISBN 978-3-7365-0153-9

Pater Anselm Grün hat für diesen Jahresbegleiter 365 Texte der Wüstenväter ausgesucht. Es gelingt ihm meisterhaft, ihre Weisheit in unsere Zeit hinein zu übersetzen und verstehbar zu machen. So werden die Texte zu einem Schatz, der den Leser durch den Tag führt.

Wüstenväter und Seelsorge

Anselm Grün

Geistliche Begleitung bei den Wüstenvätern

Münsterschwarzacher Kleinschriften Band 67, 122 Seiten, broschiert, 10,5 x 18,5 cm
ISBN 978-3-87868-439-8

Eine anregende Lektüre für alle, die sich um die seelische Entwicklung ihrer Mitmenschen sorgen oder von Berufs wegen kümmern: Die Auseinandersetzung mit den Wüstenvätern ist hilfreich, um den eigenen Weg zu reflektieren und dem eigenen Gespür zu trauen. Die ganz andere Art der Mönchsväter kann uns heute neue Aspekte der geistlichen Begleitung eröffnen.

Originalausgaben der Wüstenmütter und Wüstenväter

Acta Sanctorum (übersetzt und herausgegen von Gabriele Ziegler)

Die Legende der Maria aus Ägypten - Bios Marias Aigyptias

Quellen der Spiritualität Band 8, 94 Seiten, broschiert, 14 x 21 cm, ISBN 978-3-89680-708-3

Die Wüstenmutter, die wir unter dem Namen »ägyptische Maria« kennen, lebte im 4. Jahrhundert. Sie erlebte als Prostituierte eine tiefgreifende Verwandlung und wurde zu einer angesehenen Heiligen. Die Legende eines anonymen zeitgenössischen Autors erzählt das Leben dieser spannenden Frau. Die Herausgeberin setzt die Legende in Bezug zum Leben der Gottesmutter und der Maria Magdalena und gibt in Einleitung und Anmerkungen zahlreiche Hilfen zum Verständnis des Textes.

Evagrios Pontikos (übertragen von Leo Trunk)

Die große Widerrede - Antirrhetikos

Quellen der Spiritualität Band 1, 176 Seiten, broschiert, 14 x 21 cm, ISBN 978-3-89680-741-0

Evagrios Pontikos (ca. 345–399) beschreibt in diesem Buch, wie wir mit negativen Gedanken umgehen können. Er gibt uns positive Einreden an die Hand, die wir negativen Gedanken entgegensetzen können. Eine wertvolle Quelle für unser spirituelles Leben, mit einer Einführung von Anselm Grün und Fidelis Ruppert.

Johannes Cassian (übersetzt und herausgegen von Gabriele Ziegler)

Unterredungen mit den Vätern - Collationes patrum

Teil 1: Collationes 1 bis 10: Quellen der Spiritualität, Band 5, 366 Seiten, gebunden mit zwei Lesebändchen, 14 x 21 cm, ISBN 978-3-89680-705-2

Teil 2: Collationes 11 bis 17: Quellen der Spiritualität Band 9, 292 Seiten, gebunden mit zwei Lesebändchen, 14 x 21 cm, ISBN 978-3-89680-709-0

Teil 3: Collationes 18 bis 24: Quellen der Spiritualität, Band 12, 320 Seiten, gebunden mit zwei Lesebändchen, 14 x 21 cm, ISBN 978-3-89680-712-0

Die »Unterredungen mit den Vätern« sind das Hauptwerk des Wüstenvaters Johannes Cassian. Durch alle Jahrhunderte hindurch galten sie als Richtschnur und Grundlage für das geistliche Leben und Fundament vieler Mönchsregeln. Die Übersetzung ist nah am Originaltext, berücksichtigt die jeweilige Bildsprache, die Terminologie der ägyptischen Wüste und der antik-frühchristlichen Umwelt. Trotz aller sprachlichen Genauigkeit bleibt die Autorin sensibel für die Transparenz der Worte hinsichtlich unserer Fragen zu Spiritualität und Werteorientierung. Weiterführende Beiträge und Abbildungen zur Lebewelt der Wüstenväter sowie umfangreiche Nachschlageteile und Register runden die Bände ab.

Weitere Titel zu den Wüstenvätern und Wüstenmüttern unter
www.vier-tuerme.de